불멸의 이름
성웅
이순신을
생각해

초중생이 꼭 읽어야 할 시리즈 01

불멸의 이름
성웅 이순신을 생각해

초판 1쇄 인쇄 2016년 5월 15일
초판 1쇄 발행 2016년 5월 20일

지은이 | 유현민
펴낸이 | 이정란
회 장 | 김순용
펴낸곳 | 이인북스

등록번호 | 2007년 12월 14일 제311-2007-36호
주 소 | 122-891 서울시 은평구 증산로17길 6-27, 301호
전 화 | 02) 6404-1686
팩 스 | (02) 6403-1687
이메일 | 2inbooks@naver.com

값 12,500원
ISBN 978-89-93708-44-8   43910

이 책은 저작권자와의 계약에 따라 이인북스가 출판하였습니다. 저작권자와 출판사 양측의 사전 허락 없이 내용의 일부 또는 전부를 어떤 형태로든 인용, 복사하는 것을 금합니다.

불멸의 이름
성웅
이순신을
생각해

유현민 지음

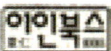

"아직도 신에게는 배 열두 척이 있습니다. 죽을힘을 다해 막아 싸우면 해볼 만합니다. 비록 싸울 배는 적지만 신이 죽지 않고 살아 있는 한 적이 감히 우리를 얕보지 못할 것입니다."

백의종군으로 죽음 직전까지 몰렸던 이순신은 철통같이 지켜냈던 우리의 바다가 원균으로 인해 일본에게 처참하게 패하자 바람 앞에 촛불이던 이 나라를 지키기 위해 나섰다. 그때 임금에게 올린 상소이다.

임금은 우리의 전력이 왜군에 비해 턱도 없이 약하니 수군을 해체하고 육지로 올라와 육군을 지원하라는 명령을 내렸다. 하지만 이순신은 비록 열두 척의 배와 수백 척의 적과의 싸움이었지만 왜군을 물리치기 위해 굳은 결의를 다지고 있었다.

이미 임진왜란 때 여러 해전에서 승리를 거두고 왜군의 침략을 막아냈던 이순신은 이후 명량해전에서의 승리로 드높은 기세를 올렸다. 그리고 도요토미 히데요시의 죽음으로 철수하려는 왜군들을 모두 섬멸하려다 노량해전에서 아깝게 숨졌다. 하지만 그가 이룩한

해전의 모든 승리는 오늘날 이순신을 불멸의 이름으로, 성웅으로 기억시키고 있다.

誓海魚龍動 서해어룡동 바다에 맹세하니 어룡이 갈등하고
盟山草木知 맹산초목지 산과 들에 맹세하니 초목도 알아준다

— 충무공 이순신 장군의 진중음시陣中吟詩 중에서

이 시는 임진왜란 때 풍전등화의 위기에 처한 나라를 반드시 구하겠다는 충무공의 의지와 결의를 담은 우국충절의 시이다. 특히 충무공의 칼에 새긴 검명으로 유명하며 이 비석의 시는 이순신 장군의 친필을 본떠 새긴 것이다.

이 책엔 이순신이 그의 생애에서 이룩한 모든 업적이 담겨 있다. 그의 업적을 살피면서 우리는 나라를 사랑하고 나라를 구한 이순신을 다시금 생각하는 시간을 갖기 바란다.

머리말 8

군사놀이 대장 이순신 13
드디어 벼슬을 얻다 20
첫 번째 백의종군을 하다 28
조선의 운명을 갈라놓은 극적인 임명 35
임진왜란이 일어나다 41
일본군이 쳐들어왔을 당시 이순신은 어떠했는가? 45
일본군이 쳐들어왔을 당시 조정과 육지에서는 어떠했는가? 49

옥포해전
가벼이 움직이지 말고 태산처럼 고요하라! 54

당포승첩
드디어 거북선이 등장하다 59

한산해전
세계 4대 해전에 기록된 승리 68

부산승첩
왜적의 보급선을 끊어라 78

이순신, 삼도수군통제사에 오르다 85
외로운 백의종군 93
정유재란이 시작되다 한산의 무너짐 104
바람 앞에 촛불이 된 이 나라를 구해줄 구세주 112
아직도 신에게는 배 열두 척이 있습니다 116

명량해전
죽기를 각오하면 살고 살고자 하면 죽는다 120

노량대첩
내가 죽었단 말을 입 밖에 내지 마라 131

군사놀이 대장 이순신

　　　　　　　　　이순신은 서기 1545년 3월 8일 한양의 건천동에서 덕수 이씨인 아버지 이정과 초계 변씨 부인 사이의 4남 중 셋째 아들로 태어났다. 건천동은 지금의 서울 중구 인현동1가에서 을지로4가에 이르는 남산 북쪽의 일대를 가리킨다.

　이순신은 이곳에서 성장하면서 이웃 동네 묵사동에 사는, 훗날 영의정을 지낸 서애 유성룡과 우정을 쌓으며 가깝게 지냈다. 유성룡은 의성 외가에서 태어나 서울로 이사를 와 살았는데 유성룡의 나이 13세, 이순신의 나이 10세였다.

　이순신은 어렸을 때부터 군사놀이를 즐겼다. 이는 그가 살던 바로 옆 동네에 군사를 훈련시키는 훈련원이 있어 무관들의 모습을 보고 자란 환경 탓이었는지도 모른다.

어린 시절 이순신은 영특하고 성격이 활달한 소년이었다. 동무들과 군사놀이를 즐겼으며 항상 대장노릇을 했다. 담력이 컸고 말타기와 활쏘기를 유난히 좋아했다. 이런 성품을 지닌 것이 이순신이 성장하면서 무인의 길로 들어서게 된 이유이기도 하다. 그에겐 희신, 요신 두 형이 있었는데 두 형과 함께 유학을 배우긴 했지만 이순신은 학문에 뜻을 두기보다 활을 쏘고 말을 타며 무예를 배우는 걸 더 좋아했다.

그러나 이순신의 아버지는 너무 가난하여 서울에서 더 살 수 없게 되자 부인과 세 아들을 데리고 현재 현충사 자리인 충남 아산시 염치읍 백암리의 처가로 내려간다.

이순신은 그곳으로 가서도 전쟁놀이를 즐겼으며 활쏘는 연습을 게을리하지 않았다. 무인의 길로 가기 위한 준비와 다름없었던 그의 어린 시절은 그러나 여느 어린아이와는 사뭇 달랐다.

그렇게 성장한 이순신은 21세 때(명종 21 1566년) 보성 군수를 지낸 방진의 딸과 혼인을 한다. 방진은 본래 무관 출신으로 활쏘기와 병학에 능해 사위인 이순신이 무예를 익히는 데 커다란 힘이 되었으며, 이순신이 결혼한 후에 본격적으로 무술을 익힌 걸 보면 방진의 영향력이 얼마나 컷는지를 알 수 있다.

이순신의 부인은 어렸을 때부터 영특하고 행동이 어른 같았다. 그녀의 나이 12세 되던 해에 도적들이 집으로 들어왔을 때 아버지 방진이 도적들을 향해 화살을 쏘다 그만 화살이 다 떨어지고 말았다. 방진은 딸에게 화살을 더 가져오라고 소리쳤지만 이미 도적들

옛집

옛집 앞에 있는 충무공 우물

이순신이 어렸을 적에 활을 쏘며 훈련을 했던 활터

과 내통한 계집종이 화살을 모두 감추어 집안에는 화살이 하나도 남아 있지 않았다. 그런데 나이 어린 딸이 "아버지, 화살 여깄습니다!" 하고 베짜는 데 쓰는 대나무를 마루로 던졌다. 대나무가 마루로 떨어져 나는 소리가 마치 화살을 무더기로 떨어뜨리는 소리와 같았다. 도적들은 방진이 활을 잘 쏜다는 것을 익히 잘 알고 있었기 때문에 그 소리를 듣고 아직 화살이 많이 있는 것으로 생각하곤 황급히 줄행랑을 쳤다.

이렇듯 지혜가 뛰어났던 방씨를 아내로 맞이한 이순신은 장인인 방진의 도움을 받아 무술을 익히고 마침내 결혼 10여 년이 지난 32세 봄에 식년무과에서 병과로 급제하였다. 무과에 급제하기까지 10여 년 동안 그는 무술뿐만 아니라 자신을 수양하는 데 힘썼다. 이 사이에 이순신은 23세 때 첫아들 회를 얻고 4년 뒤 둘째 아들 울을 얻

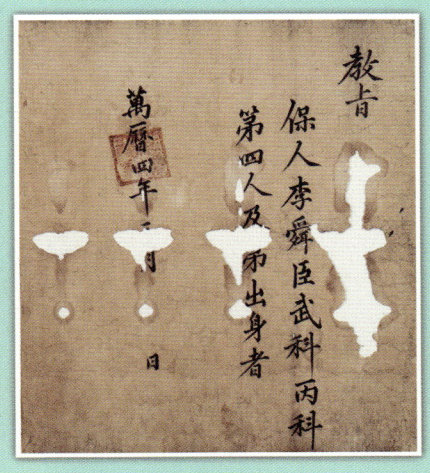

식년 무과에서 병과로 급제한 교지

었다.

훗날 어려운 일을 당해 고초를 당할 때마다 그가 보인 의연한 태도를 보면 식년무과에서 병과에 급제하기까지 그의 수양 정도가 어느 정도인지를 알 수 있다. 위난에 처했을 때 "죽으려 하면 살고 살고자 하면 죽는다"는 말로 군사들을 독려한 것을 보면 그의 삶이나 민족과 국가를 생각하는 정도가 어느 정도인지 짐작할 수 있다.

그렇다면 당시 문신을 우대하고 무신을 천대하던 사회 분위기에서 왜 이순신은 무신의 길을 선택하였을까? 도적의 습격을 받을 만큼 부자였던 처가에서 이런 사회 분위기를 모르고 무신의 길을 택한 사위의 뜻을 허락했던 것은 또 어떤 이유에서일까? 그리고 어린 시절 유학을 함께 공부했던 형들도 이순신이 무신의 길을 선택하였을 때 쉽게 허락하지 않았을 것은 분명하였을 텐데 그럼에도 이순

신이 자신의 길을 고집할 수 있었던 것은 어떤 연유에서일까? 아마 주위 사람들에게 무인으로서 나라를 위해 충성을 다하려는 자신의 신념을 굽히지 않았기 때문이 아니었을까 생각된다.

　무과에 급제하기까지의 과정에서 이런 일이 있었다. 장교가 되고 나아가 장수가 되려면 무과에 급제해야 했기 때문에 이순신은 첫 번째 과거시험에 응시하게 된다. 그러나 말을 달리며 기예를 부리는 도중 타고 있던 말이 거꾸러져 왼쪽 다리가 부러지고 말아 결국 낙방하고 만다. 이때 다리가 부러진 이순신은 버드나무로 다가가 가지의 껍질을 벗겨 부러진 다리를 감싼 다음 다시 말에 올라 보는 사람들로 하여금 감동을 일으켰다는 이야기는 유명하다. 이때가 선조 5년이었다.

　32세에 무과에 급제한 것은 무과 급제 평균나이가 34세였으니 그렇게 늦은 나이는 아니었다. 문과는 보통 스무 살을 전후로 하여 과거에 급제하므로 문과와 비교할 순 없다.

드디어 벼슬을 얻다

　　　　　　　　　　　　32세 되던 해 무과에 급제한 이순신은 일 년여가 지나도록 이렇다 할 벼슬자리를 얻지 못했다. 그러다 그해 섣달 가장 낮은 급에 해당하는 종9품 권관이 되어 함경도 삼수 고을 동구비보(지금의 평안북도 삼수군의 압록강 상류지역)에 부임한다. 동구비보의 보는 작은 성이라는 뜻으로 최고 전방에 설치한 작은 군사기지였다. 삼수 고을은 우리가 흔히 삼수갑산이라 부르는 곳으로 대단히 험한 산골마을이다. 삼수는 지형이 어찌나 험한지 조선 왕조 시대 최악의 유배지로 이름났고 이순신이 부임하던 당시에는 여진족의 침범이 자주 일어나던 곳이었다.

　　이순신이 이런 험한 곳에 부임하게 된 것은 권세 있는 사람들을 찾아다니며 청탁을 하지 않았기 때문이다. 성품이 올곧았던 그는 자신의 이런 성품을 지적하는 사람들에 대해 이렇게 말했다.

"사내대장부가 세상에 태어나 나라에서 써준다면 목숨을 걸고 충성을 다하겠지만 그렇지 않다면 시골에 내려가 밭을 갈며 살면 될 게 아닌가! 벼슬을 얻고자 청탁하고 다니는 것은 대장부로서 할 일이 아니다."

이런 신념에 사로잡힌 이순신은 험한 산골에 부임하게 되었어도 전혀 불만을 나타내지 않고 나라에서 자신에게 내린 임무를 다한다는 생각뿐이었다. 이순신은 오로지 초급 장교로서 임무를 성실히 수행하며 여진족의 침범에 대비하고 백성들의 안전에 힘을 기울였다. 이때 고향에서는 셋째 아들 면이 태어난다.

이순신이 삼수 고을 동구비보를 떠난 것은 선조 12년(1579년) 2월이었다. 나이 35세 때로 부임한 지 3년 만의 일로 한양 훈련원의 봉사(종8품)로 승진하면서이다. 비록 계급은 종9품에서 한 단계 위인 종8품으로 승진하였으나 봉사란 직책은 훈련원에서 가장 낮은 직급으로 사실 별다른 차이는 없었다.

훈련원은 군사들의 인사와 고시, 훈련과 교육 등을 담당하는 부서였고 이순신이 맡은 업무는 인사였다. 당시 훈련원에는 이순신의 상관으로 정5품에 해당하는 병조정랑 서익이라는 인물이 있었다. 그는 훈련원에 있는 자신의 친지를 정7품 참군으로 특진할 수 있도록 상부에 추천하라는 요구를 해왔다. 그러나 이순신은 이를 단번에 거절하며 그 이유를 다음과 같이 말했다.

"아래에 있는 사람을 순서를 바꾸어 상부에 추천하면 당연히 승진할 차례가 된 사람이 승진하지 못하게 되므로 이는 옳지 못한 일입니다. 나라의 법규를 어길 수는 없는 일입니다."

서익은 이순신을 강압적으로 대하기도 했고 때론 달래기도 했다. 하지만 이순신은 자신의 뜻을 조금도 굽히지 않고 철저하게 원칙을 지켰다. 이를 지켜본 많은 사람들은 이순신이 후환을 당하지 않을까 걱정했지만 이순신은 전혀 두려운 기색을 나타내지 않았다.

그렇게 올곧은 성품이 원인이었는지 이순신은 훈련원 봉사 8개월이 지나 충청도병마절도사의 군관으로 좌천당해 충청도 해미로 갔다. 하지만 이순신은 전혀 불평의 기색을 보이지 않고 자신이 맡은 일에만 충실했다. 그가 묵고 있는 거처에는 간단한 이부자리와 옷가지, 그리고 나라로부터 받은 양식이 전부로 청빈한 생활을 하였다. 가끔 고향의 부모님을 뵈러 갈 때 타가지고 간 양식이 남으면 그것을 다시 국가에 반납할 정도로 공사가 분명하고 청렴결백했다.

이순신은 해미에서 9개월 동안 복무했다. 그러다 선조 13년(1580년) 7월, 그의 나이 36세에 전라좌수영 관내 발포수군만호(종4품직으로 한 진을 지휘하는 책임 지휘관)로 승진되어 지금의 전라남도 고흥군 도화면 내발리에 있는 발포로 갔다. 만호는 종4품 벼슬로서 파격적인 승진이었다. 더구나 삼수의 동구비보에서 훈련원, 충청 해미의 병영에서의 복무는 육군에 해당하는 것이었지만 발포에 부임한 것은 수군이었으므로 뜻이 깊다.

새 임지로 부임한 직후 이런 일이 있었다. 직속상관인 성박이 사람을 보내 만호영 객사 뜰 앞에 심어진 오동나무를 베어오라고 시켰다. 그 오동나무로 거문고를 만들려는 생각이었다. 그러나 이순신은 이를 용납하지 않고 성박이 보낸 사람에게 호통을 쳤다.

"이 나무는 나라의 것이다. 더구나 수령이 오래된 귀한 나무로서 이런 나무는 그 누구도 함부로 베선 안 된다."

이처럼 이순신은 아무리 상관의 명일지라도 옳지 못한 일이라고 판단되면 절대 따르지 않았다. 서익이 부탁한 인사청탁 거절로 파면되었고, 성박이 버릇없는 무능한 장수라고 떠들어대어 이순신이 인사평가에서 불이익을 당하게 되었어도 그는 옳지 못한 일과는 절대 타협하지 않았다.

발포의 충무사 이 사당은 선조 13년(1580) 36세 때에 발포만호로 부임하여 선조 15년 1월까지 모함을 받아 파면되기까지 18개월간 재임한 것을 기념하기 위해 만들었다.

얼마 뒤 성박이 다른 곳으로 옮겨 가고 이용이라는 사람이 새로 부임해왔다. 이용은 이곳으로 부임하기 전 이순신의 성품이 곧고 올바르기 때문에 다루기 어렵다는 말을 성박으로부터 들었다. 그의 말을 들은 이용은 이순신을 쫓아버리기 위해 흉계를 꾸몄다.

어느 날 이용은 아무 예고도 없이 자신의 관할 아래에 있던 5개 포구의 군대에 비상을 걸어 검열을 실시했다. 이는 이순신에게 벌을 줄 구실을 찾아내려는 꼼수였다. 검열 결과 다른 4개 포구의 군대에는 결석한 군병이 많았다. 그럼에도 불구하고 이용은 불과 3명이 결석한 이순신의 발포만 문제를 삼아 상부에 장계를 올려 죄를 청하려 했다. 그러자 이러한 간계를 눈치 챈 이순신은 다른 4개 포구의 결석자 명단을 입수하여 대비하고 있었다. 이 사실을 알아차린 이용의 부하들이 그에게 말했다.

"이번 검열에서 이순신의 발포는 결석자가 단 3명에 불과합니다. 그런데 이순신이 자신의 발포보다 훨씬 많은 결석자들이 다른 포구에 있었다는 것을 알고는 그 명단을 입수했다고 합니다. 만일 그가 가지고 있는 명단의 장계가 위로 올라가면 오히려 사또께서 곤혹을 치르게 될 것인데 빨리 철회해야 합니다."

그 말을 들은 이용은 당황하여 즉시 사람을 보내 상부에 올린 장계를 다시 찾아오라고 명령했다.

발포에서 만호로 복무하는 동안 이순신은 이렇듯 크고 작은 일에 시달리면서도 원칙에 충실하며 이를 슬기롭게 잘 극복해 나갔다.

이럴 즈음 지난날 친지의 인사를 청탁하였다가 거절을 당한 서익

발포

誓海魚龍動 서해어룡동 — 바다에 맹세하니 어룡이 갈등하고
盟山草木知 맹산초목지 — 산과 들에 맹세하니 초목도 알아준다
— 충무공 이순신 장군의 진중음시陣中吟詩 중에서

이 시는 임진왜란 때 풍전등화의 위기에 처한 나라를 반드시 구하겠다는 충무공의 의지와 결의를 담은 우국충절의 시로 알려져 있다. 특히 충무공의 칼에 새긴 검명으로 유명하며 이 비석의 시는 이순신 장군의 친필을 본떠 새긴 것이다.

이 군기를 검열하기 위해 발포로 내려왔다. 이때까지 서익의 가슴에는 지난날 청탁을 거절당한 앙심이 그대로 남아 있었다. 서익은 검열을 마친 뒤 이순신이 군기를 하나도 정비하지 않았으므로 파직하는 것이 옳다고 상부에 보고했다. 이 보고에 따라 이순신은 파면을 당하고 발포 만호가 된 지 18개월 만에 쫓겨나고 말았다. 이때 그의 나이 38세였다.

파면된 이듬해 1월 다시 한양으로 올라온 이순신은 4개월 만인 5월, 전에 근무했던 훈련원 봉사로 복직했다. 종4품인 만호에서 종8품인 봉사로 떨어졌지만 당시 파면된 관료가 다시 복직된다는 것은 매우 어려운 일이었음에도 불구하고 기적적으로 복직된 것이다. 그런 배경엔 대사간(종3품) 벼슬의 서애 유성룡의 도움이 컸을 것이라고 짐작된다.

아무튼 이순신은 형편없는 강등에도 불구하고 맡은 바 임무에 충실하며 한편으론 활쏘기 훈련에 여념이 없었다. 어느 땐가 자신에게 주어질 임무에 이 훈련이 꼭 필요할 것이라는 그만의 통찰력이었다.

그렇게 열심히 화살을 쏘며 훈련을 하고 있는데 병조판서 유전이 이순신의 화살통을 탐내 그것을 달라고 했다. 그러자 이순신은 이렇게 말했다.

"대감께 이까짓 화살통 하나 드리는 것이 뭐가 어려운 일이겠습니까마는 이 일로 인해 대감과 제가 뇌물을 주고받았다는 더러운 소리를 들을까 그게 염려되어 대감의 부탁을 들어드리지 못함을 이해해 주십시오."

이 말을 들은 유전은 "그대 말이 옳다!"고 고개를 끄덕이며 다시는 화살통을 탐내지 않았다. 화살통을 높은 자리에 있는 대감에게 줌으로써 환심을 사고 그 환심으로 벼슬자리에 오를 좋은 기회였음에도 이순신은 거절했던 것이다.

이무렵 이율곡은 이조판서로 있었는데 이순신의 어릴 적 친구였던 유성룡을 통해 이순신을 만나보길 청했다. 이순신이 훌륭한 성품을 지녔고 우수한 인물이라는 소문을 들었기 때문이다. 그러나 이순신은 이 또한 정중하게 사양했다.

"나와 이조판서 율곡은 집안 간으로서 못 만날 일은 없지만 그가 판서직에 있을 때 만나는 것은 옳지 못하다."

그리고는 끝내 만나지 않았다. 율곡과 이순신은 동성동본으로서 율곡이 9살 위였다. 항렬은 19촌 조카뻘로서 같은 덕수 문중이었다.

이순신은 이렇듯 사사로운 정에 얽매어 사태를 그르치는 일이 없었고, 좋은 기회가 와도 그것이 정당한 일이 아니라면 거들떠보지도 않았으며, 부당하게 파면을 당해도 그 누구를 원망하지 않고 오직 자신의 일에만 전념하면서 살아온 신념이 강한 인물이었다.

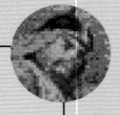

첫번째 백의종군을 하다

훈련원 봉사로 그렇게 14개월 동안 복무에 충실히 임했던 이순신은 1583년 7월에 함경남도 병마절도사의 군관을 거쳐 39세 되던 해 7월 이용의 군관으로 들어갔다. 이용은 지난날 이순신이 발포 만호로 있을 때 전라좌수사로 이순신에게 죄를 덮어씌우려 했던 인물이다. 그러던 그가 이순신을 자신의 군관으로 삼은 것은 그동안 이순신의 인물됨을 분명하게 알아차렸기 때문이다. 이러한 인물을 자신의 부하로 둔다는 것은 자신에게도 상당한 이익이 된다는 것을 그는 누구보다 잘 알고 있었다.

이용의 아래에서 군관으로 임무를 맡은 이순신은 여진족의 침입이 자주 일어나는 이곳에서 오랑캐들을 물리치며 많은 공을 세웠다. 그러나 이듬해 40세일 때 아버지가 돌아가셨다는 소식을 듣게 된다. 아버지가 돌아가신 것은 전해 11월 15일이었으나 길이 멀고 교통이 좋지 못했던 시절이라 거의 2개월여가 지나 아버지가 돌아가셨다는 소식을 들었던 것이다.

효성이 지극했던 이순신은 그 소식을 듣고 당장 행장을 꾸려 충남 아산으로 내려갔다. 이때 이순신의 둘째 형 요신은 4년 전에 세상을 떠난 뒤였고 맏형 희신은 나이가 50세였다.

이순신이 삼 년 상을 치르는 동안 조정에서는 북쪽의 오랑캐들의 침략에 시달려 이순신이 빨리 탈상하고 돌아오기만을 기다리며 애를 태웠지만 이순신은 끝내 삼 년 상을 모두 마칠 정도로 효자였다.

삼 년 상을 끝냈을 때 그의 나이 42세가 되었다. 조정은 그에게 궁중의 수레와 말을 맡은 관청의 시복시주부로 임명하였는데 그 직은 종6품에 해당하는 벼슬이었다. 그러다 불과 16일 만에 다시 여진족의 침략을 막아내기 위해 종4품 만호로 승진시키고 함경북도 경흥에서 35리가량 떨어진 조선보만호로 발령했다. 발포만호에서 파면된 지 꼭 4년 만에 되찾은 벼슬로 이 역시 유성룡의 천거에 의한 힘도 있지만 조정에선 여진족의 침략을 막아낼 만한 장수가 이순신 외에는 없다는 절박함에서 내린 결정이었다.

이듬해 선조 20년(1587년) 8월 이순신은 조산보에서 20리가량 떨어진 녹둔도 둔전관을 겸하였다. 녹둔도는 두만강이 동해로 들어가는 어귀에 자리잡은 조그만 삼각주인데 여진족 오랑캐들이 수시로 쳐들어와 군량미를 빼앗아가 골치를 앓고 있던 지역이었다. 그래서 이순신은 오랑캐를 물리치기 위해 상관인 함경병사 이일에게 병력

을 늘려줄 것을 수차례 요청했지만 이일은 그의 청을 들어주지 않았다.

어느 날 안개가 많이 낀 가운데 이순신이 부하들과 함께 벼를 수확하고 있었다. 그런데 갑작스런 오랑캐들의 침략으로 기습당한 이순신은 앞장서서 오랑캐들에게 활을 쏘며 대항해 그들을 물리쳤다. 용맹스런 이순신의 기세에 눌린 오랑캐들은 혼비백산이 되어 달아나기 시작했다. 그들을 바짝 뒤쫓아 간 이순신은 사로잡혀 있던 백성 60여 명을 구출하였지만 그 과정에서 다리에 화살을 맞아 부상을 입었다. 그런데 함경병사 이일은 군사 11명이 전사하고 백성 160여 명이 포로로 잡혀갔기 때문에 패전한 것이라면서 이순신을 죽이려 형틀을 차려놓고 이순신을 들어오라 명했다. 이때 이순신을 흠모하던 이일의 군관 선거이는 이순신이 죽게 될 것으로 생각하고 이순신에게 이렇게 말했다.

"술이라도 한 잔 마시고 가시오."

그러자 이순신은 침착하게 말했다.

"죽고 사는 것은 하늘이 정해주는 것인데 술은 마셔 무엇하오."

"그럼 물이라도 한 모금……"

"목이 마르지 않소."

선거이는 이후 이순신과 평생 동지가 되는 인연을 맺게 된다. 그는 임진왜란 초기 권율과 함께 행주대첩에서 공을 세우고 충청병사·수사로 왜적과 싸웠으며 이순신이 전라좌수 때에는 한산도에서 둔전에 협력했다. 그러나 안타깝게도 정유재란 이듬해 울산·경주싸움에서 전사하고 말았다.

선거이와 말을 마친 이순신은 당당하게 이일과 맞섰다. 이일은 패전의 책임을 물었다.

"패전을 어떻게 생각하는가?"

"내가 앞장서서 싸워 오랑캐들을 물리치고 백성 60여 명을 구출해왔는데 어찌 패전이라 하시오! 그리고 내가 여러 차례 병력을 보내달라고 요청했음에도 불구하고 단 한 명도 보내주질 않았잖소. 그 공문서 초안이 모두 여기 있으니 조정에서 알면 죄가 누구한테 있는지 단번에 밝혀지게 될 것이오."

할 말이 없는 이일이었지만 그는 이순신을 무조건 옥에 가두었다. 그리고 조정에는 자신에게 유리한 말로 꾸며 보고했다. 결국 조정은 이순신과 경흥부사 이경록에게 '백의종군'이라는 부당한 명령을 내리면서 다시 공로를 세우라고 명했다.

백의종군이란 관직과 계급을 모두 박탈하고 평복으로 다시 공을 세우라는 것이다. 이순신은 생애 두 번 백의종군을 겪게 되는데 이때가 첫 번째 백의종군이다.

이듬해 1월 14일, 이순신은 시전전투에서 공로를 세우게 된다. 함경병사 이일이 군사를 거느리고 시전부락을 기습하였다. 이때 이순신은 앞장서서 적에게 맹공을 퍼부어 승리를 하는 데 큰 역할을 한다. 그 공로로 백의종군의 치욕에서 벗어날 수 있게 되었다.

이처럼 북방에서 근무하던 이순신은 여러 시련을 거치면서 고통을 겪었다. 이때 인연을 맺은 장군들이 그 유명한 김시민(정언신의 군관), 신립(온성무사), 이억기(경흥부사), 원균(조산보만호) 등이었다.

　함경도에서 2년 6개월 동안 근무하다 한양으로 돌아와 쉬고 있던 이순신은 선조 22년(1588년) 2월, 이광의 군관과 선전관을 거쳐 정읍현감으로 임명됐다. 이보다 앞서 1587년 왜구는 손죽도를 침범하여 우리 장수들을 죽게 하고 조선의 수군을 많이 납치하였다. 이후 왜구의 침략은 점차 노골적으로 드러나기 시작한다.
　그러나 왜구의 침략을 대수롭지 않게 생각하고 있던 조정에서는 유능한 인재를 뽑아 국가 위기의 재난에 대비하지 않았다. 이를 안타깝게 여긴 이광이 이순신을 특별하게 조정에 청원하여 자신의 군관 겸 조방장(종4품)으로 삼게 됨으로써 이순신은 다시 군관생활을 시작하게 되었다. 이광은 이순신과 덕수 이씨로 같은 문중이었으며 이순신보다 나이가 4살 위였다.
　그런데 이순신이 정읍현감으로 임명되기 직전 이른바 정여립의 난이 일어났다. 이순신보다 한 살 아래인 정여립은 전주에서 태어나 1570년 식년문과에 급제한 사람이었다. 처음에는 서인이었으나 스승 율곡 이이가 세상을 떠나자 동인 편으로 돌아서서 좌의정 이산해, 우의정 정언신, 대사헌 이발 등과 가깝게 지내며 자신이 속했던 서인을 공격하고 스승 율곡까지 헐뜯어 동인은 물론 선조의 미움을 사서 고향으로 내려왔다. 그리곤 처가가 있던 전주 근교에 서당을 차려 후진을 양성하고 진안에서 대동계를 조직하고 군사훈련까지 시켰다. 대동계는 전라도뿐만 아니라 황해도까지 퍼졌다. 그러자 황해도 관찰사와 안악 군수 등이 정여립이 이 일대에서 역모를 꾸민다고 조정에 고발하면서 그에 대한 체포령이 떨어졌다.

   조정은 의금부 관원을 급히 파견하여 체포하려 했다. 그러자 정여립은 진안 죽도로 들어가 몸을 숨겼다. 하지만 관원들에 의해 포위되자 함께 대동계를 조직한 변숭복과 함께 자살했다. 그 후 아들 옥남을 비롯한 정여립의 3족이 멸살되고 그를 두둔한 죄로 우의정 정언신은 유배되어 죽고 대사헌 이발의 삼형제와 가족 등이 이 사건으로 처형되었는데 그 수가 무려 천여 명에 달했다.

조선의 운명을
갈라놓은 극적인 임명

　　　　　　　　　　선조 23년(1590년) 7월, 정읍현
감으로 있은 지 8개월쯤 지나 이순신은 유성룡의 천거로 종3품직인
평안도 강계도호부 관내의 고사리진 첨사로 임명되게 된다. 그러나
사간원들의 반대로 임명이 취소되는 등 네 번이나 임명이 취소되다
끝내 2월 13일에는 전라좌도 수군절도사, 이를 줄여 전라좌수라는
자리에 임명되었다. 이순신은 정읍에서 곧바로 여수로 옮겨갔고 이
때가 임진왜란이 일어나기 1년 2개월 전이었다.

　이순신이 전라좌수사가 된 것은 조선의 운명을 갈라놓은 극적인
임명이었다. 전라좌수는 정3품 당상관으로 전라도 지역을 총괄하
는 작전을 독립적으로 수행할 수 있는 사령관이었다. 이 자리는 이
순신이 벼슬자리에 들어선 지 15년 만에 오른 가장 높은 자리였다.

당시 전라좌수영은 지금의 전라남도 여수시에 있었다. 여수에 좌수영이 설치된 것은 이순신이 부임하기 100여 년 전이었다. 순천·보성·낙안·광양·흥양 등 5개의 육상기지와 사도·방답·여도·녹도·발포 등 5개의 해상기지를 관할하고 있었다.

이순신은 여수에 부임하자마자 자신의 관할인 5개의 육상기지와 5개의 해양기지를 빈틈없이 순시하며 군기를 점검하는 등 모든 힘을 기울였다. 이미 곳곳에서 왜구의 침략을 감지하고 있었던 이순신은 전쟁이 일어날 것에 대비하여 전쟁 준비에 최선을 다하였다. 이때 이순신은 율곡과 함께 왜구의 침략으로 전쟁이 일어날 것을 예견한 몇 안 되는 사람 중의 한 사람이었다.

이순신은 수군을 강력히 훈련시키며 왜구에게 잡혀갔다 돌아온 사람들에게 왜구의 정세를 들으며 정보를 모았다. 특히 전라좌수사로 임명된 다음 달 조선통신사로 일본에 가 도요토미 히데요시를 만나 받아들고 온 서신 중에 '군사를 거느리고 명나라를 치러 가겠다. 그러니 조선은 길을 비켜달라'는 구절이 있었음에도 불구하고 이를 무시한 조정은 이미 서인과 동인으로 갈라진 당쟁에 휘말려 정신을 차리지 못하고 있었다.

이순신은 나라의 정세가 이럴수록 전함과 무기를 정비하고 화약을 만들어 전쟁이 일어났을 때를 대비하고 종고산 북봉에 봉수대를 쌓고 큰 돌을 날라다 구멍을 뚫고 쇠사슬을 박아 앞바다에 가로질러 놓았다.

당시 우리 수군의 배는 판옥선이었다. 일본의 배가 평선에서 갑판 위에 뚜껑이 달린 옥선으로 바뀌고 높이도 높아지자 우리는 배 위에 한 층을 더 올려 갑판을 만든 뒤 그 가운데에 판옥을 지어 지휘관이 지휘할 수 있게 하는 한편, 전투가 시작되면 2개의 돛대를 누일 수 있는 구조로 만들어졌다. 넓은 갑판은 배의 지붕 역할도 하고 거기에 대포를 설치하여 위에서 아래를 내려다보며 포격을 할 수 있었기에 일본의 배보다 몇 배 더 강할 수 있었다.

판옥선은 명종 10년(1555년) 을묘해변 때 정걸 장군이 개발한 군선으로 기존의 전선을 개량하여 만든 배이다. 판자로 옥(屋·집)을 한 층 더 올렸다고 해서 붙여진 이름으로 선체가 크고 높았다. 그래서 적이 기어오르기 힘들고 포를 발사하기에도 유리했다. 또한 노 젓는 군사는 배 안에 들여놓고 노를 젓게 하였으며 전투를 벌이는 군사들은 2층 갑판 위에서 싸우게 했다. 그러니까 군사들이 노 젓는 군사의 방해를 받지 않고 편히 싸움에만 전념할 수 있다는 큰 장점을 가지고 있었다. 굳이 단점이라면 배가 커서 보조선(협선·탐지선)이 있어야 한다는 것이다. 배의 길이는 28미터, 폭은 8.75미터, 정원이 164명이고 이중 100여 명은 노를 젓는 군사이고 24명은 포를 쏘는 포수, 10명은 화포를 전문으로 하는 화포장, 18명은 활을 쏘는 군사들이다.

임진왜란이 일어났을 때 왜구를 물리칠 수 있었던 우리의 주력함이 거북선이라고 많이 알고 있지만 거북선은 3척에 불과해 판옥선이야말로 우리 수군의 주력함이라고 할 수 있다. 물론 거북선이 숫자는 적었어도 일당백의 위력을 발휘했던 것은 사실이다. 하지만

판옥선의 견고함, 일본의 전함보다 월등하게 강했던 것을 가볍게 생각해선 안 된다.

이순신 하면 우리는 거북선을 떠올린다. 이순신은 왜구의 침략으로 전쟁이 일어날 것을 대비하여 거북선에 대한 생각으로 밤잠을 이루지 못했다. 마침 부하 중에 배 만드는 일에 뛰어난 재능을 가진 나대용이란 군관이 있었다. 그는 전라도 나주 출신으로 28세에 무과에 급제하고 36세 때에 아우 나치용과 함께 이순신의 부하로 들어갔다. 이순신은 나대용에게 무한한 신임을 보내며 거북선 만드는 일에 힘쓸 것을 명했다.

이렇게 해서 만들기 시작한 거북선이 1년여 동안에 걸쳐 완성된 것이 임진왜란이 일어나기 바로 하루 전이었으니, 이는 하늘이 우리 민족을 도운 일이 아닐까 생각된다.

거북선의 크기는 판옥선과 같고 위는 판자로 덮였다. 앞을 용의 머리처럼 만들고 아가리를 통해 포를 쏘며 뒤는 거북의 꼬리처럼 만들고 꼬리 밑에는 총구멍이 있다. 그리고 좌우에 각각 6문의 총구멍을 내었는데 전체적인 모습이 거북의 모습과 같아 거북선이라 칭하였다.

거북선은 전투가 벌어졌을 때는 배 뚜껑 쇠못 위에 거적을 덮어 만일 적이 거북선에 뛰어오르면 쇠못에 찔려 큰 부상을 당하거나 죽게 하였고, 적이 좌우로 에워싸고 덤벼들면 전후좌우에서 총을 쏴 죽이게 할 수 있는 구조로 만들어졌다. 안에서는 밖을 내다볼 수 있으나 밖에서는 안을 볼 수 없고 주요 부분을 철판으로 둘러 철갑선을 만들었다.

거북선은 강한 재질의 소나무로 건조되어 약한 삼나무로 만들어진 일본의 배 한가운데로 돌진, 강하게 부딪쳐 왜구의 배를 산산조각 부숴버렸다. 그러니까 거북선 한 척이 왜구의 배 수십 척, 아니 그 이상을 능가하는 위력을 발휘하여 해전을 승리로 이끄는 강력한 무기가 되었던 것이다.

이렇게 거북선은 장차 국난이 일어날 것을 염려하여 전쟁에 대비한 이순신의 유비무환 정신에서 탄생하였다. 그러나 육지에선 아무런 대비 없이 안일하게, 일본이 신무기인 조총으로 무장한 것에 비해 우리 군사들은 고작 구시대 무기인 활과 창검으로 대항해 싸울 때마다 처참하게 패하게 된다. 임금과 대신들은 개성과 평양을 거쳐 의주까지 피난 갈 때, 당대의 명장으로 꼽혔던 이일과 신립이 각각 상주와 충주에서 패해 왜구들이 북쪽으로 마구 돌진하여 이 나라를 집어삼킬 때, 이순신은 바다에서 수백 척의 일본 함대를 수십 척의 배를 이끌고 왜구를 물귀신으로 만들며 전멸시켰다.

그렇다면 이순신의 이러한 힘은 어디에서 나왔을까? 단순하게 배가 튼튼하였다거나 장수의 능력이 뛰어나서만이 아니라 전쟁이 일어날 것을 예측하고 미리 전쟁에서 사용할 화포와 화약의 제조를 비축해 두었기 때문이다.

임진왜란이 일어나다

거북선이 완성됨과 동시에 우리 역사의 비극인 임진왜란이 일어난다. 우리나라는 삼면이 바다였지만 일본은 사면이 바다여서 섬으로 이루어진 일본은 대륙으로의 진출에 대한 열망이 강했다.

그리고 제후(일정한 영토를 다스리는 작위)들과의 영토싸움 끝에 전국을 통일한 도요토미 히데요시는 갈라진 민심을 통일하고 자신의 야심을 이루기 위해 바깥으로의 진출을 꿈꾼다. 그래서 명나라로 진출한다는 구실을 삼아 조선을 침략한 것이다.

선조 25년(1592년) 임진년 4월 13일, 일본은 최고 권력자 도요토미 히데요시의 명령으로 30만여 명에 달하는 대병력을 9개 부대로 나누어 대마도를 거쳐 쳐들어왔다. 먼저 고니시 유키나가가 이끄는 왜군 18,700명이 전선 700여 척에 나눠 타고 그날 6시 무렵 부산 절영도 앞바다를 통해 우리나라를 침략했다. 이렇게 왜구는 조선군의 경계를 살피면서 임진란 7년 전쟁을 시작하였다.

적선을 맨 먼저 발견한 것은 부산 다대포의 응봉 봉수대 군사들이었다. 그들은 왜선이 새카맣게 몰려오는 것을 발견하고 봉화 두 개를 피워 적이 쳐들어온다는 신호를 보냈다.

일본군이 부산에 상륙하자 부산진첨사 정발은 동래의 경상좌수사 박홍에게 급히 보고를 했고 박홍은 동래부사 송상현에게 통고를 했다. 그러나 박홍은 경상좌수사라는 정3품 당상관의 고위직 벼슬에 있었음에도 불구하고 일본군의 규모와 위세에 눌려 싸울 생각은 안 하고 오히려 자신이 지휘하던 크고 작은 군선 103척을 바다에 가라앉히고 평양 쪽으로 도망쳐버렸다. 가장 먼저 왜군과 맞서 싸워야 할 경상좌수사가 이랬으니 싸움의 결과는 뻔했고 그 아래 장수들은 일본군에 의해 모두 죽고 말았다.

일본군과 가장 먼저 맞서 싸워야 할 군대가 경상좌수군이었다면 그 다음으로 적을 막아야 할 수군은 경상우수군으로서 이곳의 장수는 경상우수사 원균이었다. 그런데 원균 역시 일본군의 규모와 위용에 눌려 싸울 생각은커녕 우수영을 불태우고 만여 명의 수군을 해산시키곤 전선 100여 척과 대포, 군기 등을 모두 바닷속에 버리고 남은 4척의 군선을 타고 200여 리 떨어진 곤양 어귀로 달아났다.

그러자 율포만호 이영남이 훗날 당할 일을 염려하여 원균에게 이렇게 말했다.

"공은 임금의 명으로 수군절도사가 되었소. 그런데 지금 군사를 버리고 육지로 도망간다면 뒷날 조정에서 조사할 때 어떻게 해명하겠습니까? 그보다는 전라도에 구원병을 청해 왜적과 한번 싸워보고, 이기지 못하겠으면 그 후 도망쳐도 늦지 않을 것입니다."

이때의 일에 대해 유성룡은 이렇게 탄식했다.

"우수사 원균은 거느리고 있는 군선이 많았고, 왜군의 전선이 단 하루 동안에 총집결한 것이 아니었기 때문에 단 한 번이라도 조선 수군의 위세를 보이면서 대항해 싸웠더라면 왜군은 뒤를 걱정하여 육상 공격을 지연시켰을 것이나 한 번도 교전하지 않았다."

유성룡의 이러한 탄식이 아니라도 정말 한심한 노릇이 아닐 수 없었다.

다시 일본군이 침입할 당시로 돌아가 상황을 설명하면 이렇다.

4월 14일 아침 6시경 제1군 장수 고니시 유키나가가 이끈 1만 8천 700명의 군사들이 개미떼처럼 부산진성으로 몰려왔다. 성을 지키던 정발은 이에 대항해 용감하게 싸웠지만 총탄에 맞아 전사하고 성안으로 몰려든 일본군은 닥치는 대로 우리 백성들을 죽이고 성에 불지르며 미친 듯 날뛰었는데 이때 사망한 사람이 무려 3천여 명이나 되었다.

다음날 아침엔 일본군이 동래성을 에워쌌다. 동래성은 겨우 2시간 만에 함락되고 동래부사 송상현은 함락되기 직전 전투복 위에 조복을 입고 임금이 있는 북쪽을 향해 두 번 절하고 고향의 부모님께 시 한 수를 부채에 썼다.

고립된 성을 적군이 달무리처럼 에워쌌고

진을 구할 길이 없나이다.

군신간의 의가 무거워

부모님 은혜를 가벼이 여기는 불효를 용서하소서.

　결국 송상현은 끝까지 일본군과 대항하다 장렬한 최후를 마쳤고 동래성에 있던 백성들 3천여 명이 죽었으며 일본군에 잡힌 포로는 500여 명이나 되었다. 왜적들은 송상현이 목숨을 걸고 성을 지키는 것을 가상히 여겨 시체를 관에 넣어 성 밖에 매장하고 이름을 새긴 말뚝을 세워 놓아 표지했다.

　이렇게 조선의 방어가 무참히 뚫리자 4월 18일에는 가토 기요마사가 이끄는 2만 2천800명의 2군, 19일에는 구로다 나가마사가 이끄는 1만 1천 명의 3군, 그 후 후속부대가 속속 부산항으로 밀려들어 왜군은 아무런 저항도 받지 않고 20일 만인 5월 3일에는 마침내 한양 도성마저 함락시키기에 이른다.

　선조 임금은 일본군이 도착하기 나흘 전에 한양을 탈출해 개성으로 향했다. 임금이 한양을 버리자 한양을 지키던 장수들마저 도망치고 임금이 개성에 도착하자 분노한 백성들은 임금에게 흙과 돌을 던졌다. 이렇듯 임금 선조에게는 권위와 위엄이 없었고 임금의 피난 행렬은 초라하기 짝이 없었다.

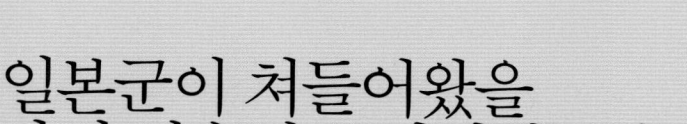

일본군이 쳐들어왔을 당시 이순신은 어떠했는가?

일본군이 부산으로 침략해 왔을 때 이순신은 어떻게 하고 있었을까? 왜구에 의해 20여 일 만에 한양이 함락되고 선조 임금이 개성으로 피난하기까지 이순신은 무엇을 하고 있었을까 상당히 궁금하다. 왜냐하면 이순신은 전라도를 지키는 전라좌수사로 경상도와 연결해 있었기 때문이다.

이순신은 4월 15일 오후 늦게 경상우수사 원균으로부터 '왜선 90여 척이 부산 절영도에 들어왔다'는 통보를 받았다. 그리곤 다음날 부산진이 함락되었다는 통보를 받았고 다음다음날에는 동래가 무너졌다는 소식을 들었다. 그러자 이순신은 출전 준비를 하기 시작한다. 그러나 전라좌수사인 이순신이 경상도로 가 싸우기 위해선 반드시 조정의 명령이 있어야만 하기 때문에 마음대로 출동할 수 없었다.

이순신은 이런 문제에 따라 임금에게 장계를 올리고 기다리다 4월 26일 임금으로부터 '물길 따라 나가 적선을 무찌르라'는 명을 받았다. 다음날 다시 임금으로부터 '원균과 힘을 합쳐 적을 무찌르라'는 두 번째 명을 받고는 곧 관하 각 포구 장수들에게 여수 본영으로 급히 모일 것을 명령한다. 이순신은 임금의 명을 받자마자 당장 싸우러 나가려 하였으나 전라우수영의 이억기 함대가 도착하지 않았고, 또 하나의 이유로는 경상우수영 아래 각 진영이 원균이 도망쳤을 때 그들 스스로 수군을 없애고 숨어버렸고 남해도 1군 4포가 모두 비어 있었기 때문이었다.

5월 1일. 이순신 휘하의 모든 장병들이 여수 좌수영에 집결했다. 이순신은 이 자리에서 현재의 전쟁 상황을 자세히 설명하고 부하들의 의견을 들었다.

"모두 나라를 위해 기탄 없는 의견들을 말하라."

그러자 한쪽에서 다음과 같은 의견이 나왔다.

"전라도 해군은 전라도를 지키는 것이 주된 임무입니다. 그러니까 나가 싸우는 것은 신중히 생각해봐야 합니다. 우리 지역을 지키기에도 벅찬데 다른 도를 위해 싸운다는 것은 그렇지 않습니까?"

그러자 다른 의견이 나왔다.

"그건 말이 안 됩니다. 나라가 위급한데 경상도 전라도를 따지는 것은 잘못이며 출전했다가 설령 죽는다 해도 신하로서 절대 불행한 일이 아닙니다. 영광스러운 일이지요."

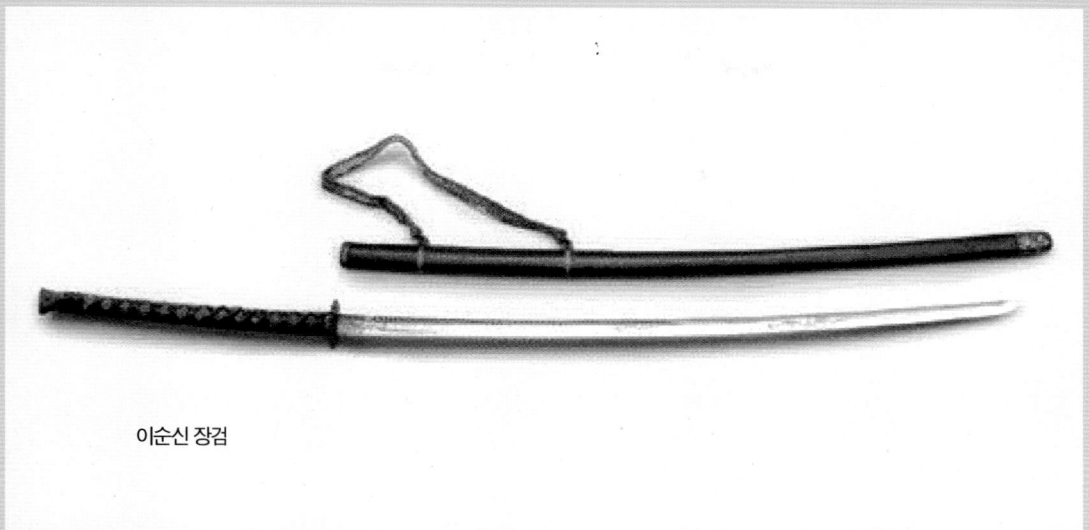
이순신 장검

　여러 장수들의 이런저런 의견을 듣던 이순신이 입을 열었다.
　"내가 의견을 듣고자 한 것은 여러분들의 생각이 어떤가를 시험해 본 것이오. 출병을 결정한 이상 오직 나가 싸울 것이니 반대하는 자가 있으면 가차 없이 목을 벨 것이오!"
　이렇게 결의를 다진 이순신은 5월 4일 함대를 거느리고 여수를 출발해 경상도로 향했다. 이때 이순신이 거느린 군선은 판옥선 24척이었다. 22척의 협선, 어선의 다른 배들도 있었으나 그 배들은 병력과 장비가 빈약하여 일본 왜선과 싸울 수 있는 배는 판옥선 24척이 전부였다. 반면 왜선은 무려 500여 척이나 되어 숫적으로나 병력으로나 도저히 상대가 될 수 없었다. 그러나 이순신에게 이런 열세는 전혀 문제가 될 수 없었다. 오로지 나라를 구해야 한다는 일념 하나로 경상도 물길을 잘 아는 광양현감 어영담을 길잡이로 해서 바다의 물길을 헤쳐나갔다.

이순신은 해안과 섬들을 철저히 수색하면서 경상도 수군과 합세하기로 한 당포에 이르렀으나 만나기로 약속한 원균은 보이지 않았다. 다음날 아침에야 한산도에 나타난 원균과 합세했는데 그가 거느린 군세는 겨우 판옥선 4척에 척후선 2척뿐이었다. 그러나 그런 것을 따질 처지가 아니었다. 이순신은 원균으로부터 일본 수군의 규모와 그들이 진을 치고 있는 지형 등을 자세히 들었다.

작전회의를 거친 뒤 다음 날 새벽, 적들이 머물고 있다는 천성·가덕도 쪽으로 향하다 정오쯤 거제도 남쪽 옥포 앞바다에서 일본의 왜선들을 발견하였다.

이렇게 해서 벌어진 첫 번째 싸움이 그 유명한 옥포해전이다.

일본군이 쳐들어왔을 당시 조정과 육지에서는 어떠했는가?

4월 17일 고니시 유키나가가 이끄는 일본 제1군은 부산을 넘어 양산을 점령하고 계속 북쪽으로 밀고 올라왔다. 그는 밀양, 청도, 대구, 안동, 상주, 문경을 거쳐 충주로 향하고, 가토 기요마사가 이끄는 제2군은 울산에서 경주, 영천, 군위를 거쳐 충주에서 제1군과 합세했다. 구로다 나가마사가 이끄는 제3군은 동래에서 김해, 성주, 추풍령을 지나 물밀 듯이 서울을 향해 올라왔다.

우리 조정은 왜구의 침략을 받은 지 사흘이 지나서야 경상좌수 박홍이 보낸 장계를 통해 일본군의 침략을 알았고, 잇단 경상우병사 김성일과 경상순찰사 김수의 장계를 받고 비로소 사태가 심각하다는 것을 깨달았다.

조정은 매일 회의를 열고 대책을 마련하려 했지만 달리 뾰족한 방법이 없었다. 거침없이 밀고 올라오는 왜구의 파죽지세를 막아내기 위해 급히 당대의 명장인 신립으로 하여금 충주를 막게 했다. 만약 조령과 추풍령이 뚫리게 되면 충주에서 배수의 진을 치고 왜적들을 막아내기 위해서였다. 충주마저 뚫리게 되면 도성인 서울의 함락은 시간 문제였기 때문이다.

그러나 우려했던 대로 문경을 책임지고 있던 이일은 힘 한번 제대로 써보지도 못하고 왜적의 선봉부대에 패해 충주로 도망쳤다. 이일은 일찍이 함경도 병마절도사로 있을 때 이순신을 죽이기 위해 모략하여 이순신을 백의종군까지 시킨 바로 그 인물이다.

충주목사 이종장이 군사 8천 명을 모아놓자 신립은 기마병이 대부분인 이들과 함께 충주 탄금대에 배수진을 쳤다. 김여물을 비롯한 참모진들이 문경에서 왜구를 막아야 한다고 주장했지만 신립은 이를 묵살하고 기마병의 힘을 믿고 있었다. 옛날 함경도에서 여진족을 상대로 싸울 때 기마병으로 승리를 거두었던 짜릿한 경험을 그는 잊지 못하고 있었던 것이다. 그러나 그것은 신립의 대단한 오판이었다. 그가 배수진을 친 탄금대는 기마병이 말을 타고 싸울 수 있는 조건을 갖춘 벌판이 아니었다. 탄금대는 왼쪽에 논이 있고 물과 풀이 서로 엉키는 강가이기 때문에 말이 달리기는커녕 일반 보병들도 마음대로 달릴 수 없는 습지라는 것을 미처 생각지 못했던 것이다.

4월 28일 정오, 고니시 유키나가가 이끄는 일본군 1만 5천여 명은 신립이 배수진을 치고 있는 탄금대를 에워쌌다. 그 기세가 마치 비바람이 몰아치는 것과 같았다. 총소리는 땅을 진동시키고 먼지가 하늘에 가득했다. 그런 그들 공격 앞에 대부분 기마병인 우리는 제대로 싸움 한번 벌이지 못하고 그들이 무장한 신무기 조총 앞에서 추풍낙엽처럼 떨어져 나갔다. 말은 고꾸라지고 기마병은 제대로 대항하지도 못하고 총에 맞아 나가떨어졌다.

신립은 어쩔 줄 모르고 말을 채찍질해서 몸소 적진에 돌진하려고 두 번이나 시도했지만 실패하자 결국 강물에 뛰어들어 죽었으며, 여러 군사들도 모두 죽어 시체가 강물을 덮고 떠내려갔다.

결국 우리 군대는 신립을 비롯해 종사관 김여물, 충주목사 이종장 등 장수들이 모두 전사하고 말았다. 동쪽 산골짜기에서 빠져나와 겨우 목숨을 건진 이일은 패전의 소식을 임금에게 알리는 장계를 보냈다.

이렇게 순식간에 충주를 점령한 고니시 제1군은 그 이튿날 조령을 넘어온 2군과 합류한 뒤 5월 2일 한강 남쪽 기슭에 당도했다. 제3군은 추풍령을 넘고 청주와 진천을 거쳐 서울로 북상했다. 그러자 조정은 피난을 생각하지 않을 수 없었다. 겉으론 목숨을 바쳐 서울 도성을 사수해야 한다고 했지만 우리에겐 일본군 5만여 명을 감당해 낼 군사가 없었다.

모두 뿔뿔이 흩어져 도망치고 아무도 없는 도성에 멍청히 앉아 있을 수만은 없어 4월 30일 깊은 밤 선조는 대신들과 몰래 도성을 빠져나가 피난길에 올랐다. 피난길에 오르기 전 신하들의 뜻에 따

선조 임금이 평양길에 올랐을 때 쉬어가던 벽제역 자리

임진강 남쪽 기슭에 있는 화석정

라 광해군을 세자로 책봉하고 장자 임해군을 함경도로, 여섯째 아들 순화군을 강화도로 보내 군사를 모집하도록 하였다.

일본군은 5월 3일 아무런 제지도 받지 않고 한양에 입성했다. 부산에 발을 디딘 지 20일 만의 일이었다. 한양은 그로부터 다음해 4월 18일까지 일 년여 동안 왜군의 발아래 놓이게 되었다.

선조 임금이 평양으로 피난길에 올랐을 때 하늘도 슬퍼하는지 비가 억수같이 쏟아졌다. 그래서 잠시 벽제역에서 쉬었다가 떠났는데 이때 어가행렬을 따르던 관원들 중 도성으로 돌아가는 사람이 많았고 백성들은 통곡하였다.

"임금께서 우리를 버리고 떠나시니 장차 우리는 누구를 믿고 살아야 합니까?"

비는 임진강에 다다를 때까지도 계속 퍼부어댔다.

강을 건너니 이미 해가 지고 어둑어둑하여 물체를 분간할 수 없었다. 임진강 남쪽 기슭에 화석정이 있었는데 임금은 왜군이 이 건물을 헐어 재목으로 뗏목을 만들어 강을 건너올까 염려되어 이것을 불사르게 했다. 이 불빛은 강의 북쪽까지 비쳤고 임금의 피난행렬은 이 불빛에 의지하여 개성쪽으로 피난행을 재촉했다.

옥포해전

가벼이 움직이지 말고 태산처럼 고요하라!

아침 내내 가랑비가 내리고 있었다. 그 비는 흔적도 없이 바닷속으로 사라졌지만 바다를 가로질러 가는 이순신의 함대는 장중하고 날렵했다. 이순신은 그동안 전라 좌수영으로 부임한 이래 이런 날이 올 것에 대비하여 거북선을 만드는 등 많은 준비를 하고 있었다. 이때 이순신이 지휘하는 전라 좌수영 수군의 규모는 판옥선 24척과 협선 15척, 해물을 채취하기 위한 포작선 46척이 전부였다.

선조 임금이 서울의 도성을 버리고 피난길에 오른 며칠 후 정확히 5월 7일, 거제도 남쪽 옥포 앞바다에서 왜선을 발견한 이순신은 즉각 공격을 개시했다. 공격을 개시하기 앞서 기선을 제압하는 것이 가장 중요하다는 판단에서 군사들에게 이렇게 명령했다.

"가벼이 움직이지 말고 태산처럼 고요하라!"

원균과 합세한 이순신의 함대는 진용을 갖추고 기세를 올리며 왜선으로 접근했다. 적선 50여 척이 옥포 선창에 정박해 있었는데 육지에서 노략질을 일삼던 왜군 병사들은 이순신이 이끄는 함대를 보고는 가소롭다는 듯 병선에 올라 조총으로 응사하기 시작했다.

먼저 우리 조선의 함대에 대든 것은 적선 6척이었다. 기세등등하게 승리를 자신하는 모습이었다. 그러나 조선 수군의 총통이 불을 뿜기 시작하자 왜선에 구멍이 뚫리기 시작했다. 점차 조총과 화살이 오가면서 전투가 치열해졌다. 하지만 시간이 지날수록 왜선은 조선 함대의 적수가 되질 못했다. 우리가 무차별로 쏘아대는 총통

옥포해전이 벌어졌던 옥포 앞바다

합포

화기에 맥을 추지 못했다. 여태껏 힘 하나 들이지 않고 조선을 침략하여 노략질을 일삼던 그들은 그야말로 생각지도 않은 조선수군의 호된 공격에 된맛을 보게 된 것이다.

  이 싸움에서 이순신 함대는 일본 수군의 대선 13척, 중선 6척, 소선 2척 등 모두 26척을 격침하여 대승을 거두게 되는데 이 싸움이 바로 옥포해전이다. 이순신에게는 수군으로서 거둔 최초의 승리였고 일본과의 전쟁에서 거둔 최초의 승전이었으며 승리의 시작이었다. 이날까지 조선군은 전투에서 일본군을 상대로 이겨본 경험이 전혀 없었는데 옥포해전에서 대승을 거두게 되었다.

이순신이 제1차로 거둔 옥포대승첩은 그러나 여기서 멈추지 않았다. 대승을 거둔 조선의 함대는 거제도 북쪽 끝의 영등포를 향해 올라가다 멀지 않은 합포(마산)에 큰 왜선 5척이 지나간다는 보고를 들었다. 이순신이 급히 그들을 쫓자 이미 옥포에서의 해전소식을 들은 왜군들은 잔뜩 겁을 먹고 합포 앞바다에 배를 버리곤 육지로 줄행랑을 쳤다.

왜군들이 버리고 간 대선 5척을 불태운 이순신은 다시 적진포(통영 광도면 적덕동)에 왜적의 대선 9척, 중선 2척 등 13척이 정박해 있는 것을 보고 거기서도 그 배들을 공격해 모두 불태우는 전과를 올린다.

우리가 말하는 옥포해전은 이렇게 옥포에서의 싸움과 합포에서의 싸움, 적진포전에서 벌인 싸움을 말하는데 이 세 번의 싸움에서 이순신은 왜선 42척을 격침시키고 무수한 일본 군사를 죽였음에도 아군의 손실은 순천 대장선에 탄 활 쏘는 군사와 순천에 사는 군사 이선지가 부상을 당한 것이 전부였다. 실로 놀라운 일이 아닐 수 없다. 9일 이순신은 원균부대와 헤어져 여수로 돌아왔다.

이순신은 옥포대승첩의 공로로 종2품 가선대부로 승진했다. 이때 이순신은 승전을 보고하는 장계를 올리면서 거기에 자신의 부하들 이름을 일일이 적어 승리의 공로를 부하들에게 돌리는 배려를 보여 남다른 장군의 리더십을 보였다.

당포승첩

드디어 거북선이 등장하다

제1차 옥포에서의 싸움을 대승으로 이끌고 여수 좌수영으로 돌아온 것은 5월 9일이었다. 이순신은 휴식과 재정비를 끝낸 다음 5월 29일 2차 출동을 하였다. 이것이 우리가 당포승첩이라고 하는 그 싸움이다.

1차 옥포해전을 승리로 이끌 때는 군선이 24척이었는데 제2차 출전할 때에는 23척으로 한 척이 줄어 있었다. 이는 흥양으로 왜군의 침입이 있을 것이라는 정보가 있어서 흥양 지역으로 보내 흥양의 경계 수역을 방어하도록 했기 때문이다. 그러나 제1차 출전 때는 써보지 못했던 거북선 두 척이 이때 등장하게 되면서 전력은 배가 된다.

이순신은 당포해전 장계에서 거북선에 대해 이렇게 묘사하고 있다.

"신이 일찍이 왜적의 난리가 있을 것을 걱정하여 거북선을 만들었습니다. 앞에는 용머리를 붙여 입으로 대포를 쏘고 등에는 쇠못을 꽂았습니다. 안에선 밖을 내다볼 수 있어도 밖에서는 안을 들여다볼 수 없습니다. 적선 수백 척이 있다 하더라도 뚫고 들어가 대포를 쏠 수 있습니다."

거북선은 튼튼하고 기능이 뛰어났으며 앞뒤 좌우 사방으로 자유자재 움직일 수 있어 전투함으로서의 기능이 대단히 뛰어났다.
이순신은 경상 바다인 노량 부근에서 원균의 군선 3척과 합류하여 전력을 보강했다. 이때 원균으로부터 왜적이 사천에 이르고 있

당항포

다는 말을 들은 이순신은 빨리 왜적을 따라잡으라고 명한다. 왜적이라면 조선의 바다에 단 한 명도 있게 할 수 없다는 이순신의 신념이었다.

얼마 가지 않자 정말 원균의 말대로 왜선이 보였다. 적선 10여 척이 포구에 정박해 있었고 왜군들은 육지로 올라가 마구 노략질을 일삼고 있던 중이었다. 그 수가 무려 400여 명에 이르렀다. 이를 본 이순신의 눈에서 불이 났다. 그러나 공격을 하려 해도 불행히 썰물 때라 판옥선과 같은 큰 배는 접근할 수 없었다. 왜적들은 이런 곤경에 처한 이순신 함대를 조롱하기라도 하듯 높은 언덕에 올라가 조총을 마구 쏘아댔다. 그러자 잠시 생각에 잠겨 있던 이순신이 말했다.

"지금 저들의 공격에 패한 척 물러나면 저들은 반드시 사기가 올라 배를 타고 우릴 쫓아올 것이다. 그러면 우린 포구 멀리까지 도망하는 척 유인했다가 일거에 공격해버리면 대승을 거둘 것이다."

그리곤 장수들에게 작전상 거짓 후퇴를 명령했다. 이순신 함대가 서서히 물러나자 왜군들은 자신들의 조총 공격을 받고 물러나는 것이라 생각하곤 왜적 200여 명이 군선에 나눠 타고 쫓아왔다. 나머지 함대는 여전히 산에서 조총을 쏘아대며 이 상황을 즐기고 있었다. 왜적의 사기는 오를 대로 올라 이성을 잃고 있었다.

이윽고, 사천만 한가운데 포구에서 약 1마장(400미터)가량 물러나자 왜군들은 거기까지 쫓아왔다. 이순신의 용병술이 빛나는 순간이었다. 바로 손자병법의 원리 그대로였다.

"용병한다는 것은 적을 속이는 일이다. 적에게 이익을 줄 것처럼 유인해 끌어내고 적을 혼란하게 만들어 놓고 격파한다."

유인에 빠져 따라오는 적선을 바라보고 있던 이순신은 이제 됐다고 판단하고 급히 뱃머리를 돌려 거북선을 앞세우고 왜선의 무리 한가운데로 돌진해 갔다.

거북선의 아가리에서 총통이 뿜어져 나오고 각종 화기에서 한꺼번에 쏟아지는 탄환은 왜적들을 일시에 거꾸러뜨렸고, 13척의 왜선은 힘 한 번 써보지 못하고 대번 불타버리고 말았다. 왜적들은 우리의 공격에 속수무책 당하면서 유인책에 걸려들었다고 생각하곤 급히 뱃머리를 돌려 황급히 도망쳤다. 그러나 이 싸움에서 우리 수군의 손실도 있었다. 이순신의 군관 나대용이 탄환에 맞았고 이순신도 왼쪽 어깨에 총상을 입었다. 다행히 목숨을 잃지 않았지만 상처로 말미암아 오랫동안 고생을 하였다.

이 전투가 끝난 뒤 이 상황을 이순신은 〈난중일기〉에 쓰기도 했고, 유성룡은 『징비록』에 다음과 같이 기록하고 있다.

어느 날 한창 싸움을 독려하던 중, 날아오는 탄환이 이순신의 어깨에 맞아 피가 발꿈치까지 흘렀으나 이순신은 말하지 않고 있다가 싸움이 끝난 후에야 비로소 칼로 살을 베고 탄환을 뽑아냈다. 그 깊이가 서너치나 들어가서 보는 사람들은 얼굴빛이 변했으나, 이순신은 웃으며 이야기하는 것이 평상시와 같이 태연했다.

왜군의 배들이 정박해 있던 당포

사천에서 대승을 거둔 이순신 함대는 6월 1일, 함대를 통영시 사량도로 이동하고 군사를 쉬게 하였는데 다음날 아침 왜선이 당포에 있다는 정보를 듣고 곧바로 함대를 움직였다.

당포에 도착해 보니 왜선은 대선 9척, 중소선 12척, 총 21척이 정박해 있었다. 그중 가장 큰 배에는 높은 누각이 있었는데 왜장이 버티고 앉아 있었다. 그는 이순신 함대가 다가오는데 전혀 두려운 기색을 보이지 않았다. 아직 조선수군의 용맹을 알지 못한 듯 태연했다.

그러나 이순신이 거북선을 앞세워 그대로 돌진해 오자 잠시 주춤거리더니 얼른 전투태세를 갖춘다. 그러나 왜장의 그런 행동은 이미 늦었다.

이순신은 거북선으로 적장이 타고 있는 큰 배의 밑을 그대로 들이받아 부숴버렸다. 그러자 때를 놓치지 않고 순천부사인 권준이 용감하게 왜선으로 올라가 활로 적장을 쏘았고 적장은 그대로 바다로 떨어져 죽고 말았다. 눈 깜짝할 사이였다. 그러자 일시에 사기를 잃어버린 왜병들은 혼비백산하며 달아나기 바빴다. 그런 왜적을 쫓아가 죽이며 대승을 거둔 아군은 왜선 21척 모두를 불태워버렸다. 이것이 제2차 해전의 중심전투로 기록되고 있는 당포해전이다.

당포해전이 끝나자 부산 쪽에서 몰려오던 왜선 20여 척은 조선의 함대를 보고 급히 개도로 달아났다. 그들을 뒤쫓으려던 이순신은 해전을 벌여 지친 우리 군사들을 쉬게 하려고 더 이상 추격하지 않았다.

6월 4일, 전라우수군 이억기가 이순신을 돕기 위해 25척 함대를 이끌고 나타났다. 이로 인해 이순신의 힘은 배가 되었고 전라좌수군 이순신의 함대 23척, 경상우수영 원균의 3척, 무려 51척의 연합함대를 이루어 무서울 것이 없었다. 기세는 하늘을 찌를 듯 높아 어떤 싸움에든 이길 자신이 있었다.

6월 5일 아침, 왜적들이 당항포에 정박해 있다는 정보가 들어왔다. 당포 앞바다에서 이순신 함대를 보고 도망간 왜적들이었다. 이순신과 이억기, 원균의 연합함대는 즉시 당항포(고성군 회화면)로 진격을 했다. 당항포에는 검은 칠을 한 대선 9척, 중선 4척, 소선 13척 등 모두 26척의 배가 정박해 있었다. 그중 가장 큰 배인 대장선은 뱃머리에 3층 누각을 세웠는데 앞에는 해를 가리는 푸른 일산을 세우고 누각 아래엔 흰 꽃무늬를 그려놓은 휘장을 드리웠다.

우리 연합함대를 발견한 적선 4척이 포구 밖으로 나왔다. 모두 검은 기를 꽂고 있었는데 그들은 포구 밖으로 나오면서 연합함대 쪽으로 조총을 무수히 쏘아댔다. 그러자 이순신은 거북선을 앞세워 빠르게 그들을 향해 돌진했다.

이순신은 그러면서 계책을 세웠다. 육지와 가까운 이곳에서 적과 싸우면 적들이 육지로 도망쳐 우리 백성들을 괴롭히며 노략질을 일삼을 것이 뻔했다. 그래서 왜선들을 육지와 멀리 떨어진 바다로 유인해 모두 섬멸해야 한다는 생각이었다.

한참 싸움이 벌어지던 중 연합함대는 짐짓 밀리는 척하며 서서히 바다 한가운데로 후퇴했다. 이를 본 왜적들은 이순신의 함대가 싸움에 밀려 후퇴하는 줄 알고 기세를 올리며 쫓아왔다. 주위를 살피던 이순신은 적들이 육지에서 꽤나 떨어진 바다 한가운데까지 나온 것을 확인하곤 부하들에게 총공격 명령을 내렸다.

"공격하라!"

그러자 후퇴하던 아군의 함대가 일시에 뱃머리를 돌려 왜선을 공격하기 시작했다. 느닷없는 사태에 왜적들은 당황하여 얼어붙은 듯 총을 쏘는 것조차 잊고 있었다.

거북선은 가장 앞장 서 대장선을 향해 천자포와 지자포를 무차별로 쏘아대 대장선을 단숨에 꿰뚫어버렸다. 또한 우리의 함대는 총탄과 화살을 비오듯 퍼부어댔다. 누각에 앉아 지휘하던 적장이 화살에 맞아 바다로 떨어졌다. 화포와 화살에 맞아 죽은 왜병들이 무수히 바닷물로 떨어졌고, 대장마저 죽자 왜적은 불붙은 배를 타고 도주했다. 하지만 포구까지 쫓아간 우리의 함대가 그들을 격멸해 버렸다. 다행히 목숨을 부지해 육지로 도망간 왜적들을 본 이순신은 배 한 척을 남겨두라고 명령했다. 이는 아군이 잠복해 기다리고 있다가 육지로 도망간 패잔병들이 나중에 배를 타고 도주할 때 모두 섬멸해버리려는 생각이었다.

아니나 다를까 다음 날 새벽 패잔병들은 남겨둔 한 척의 배에 타고 도주하려다 잠복해 있던 아군에 의해 전멸하고 말았다. 그 수가 백여 명에 달했다. 이 싸움에서 아군은 왜선 30척을 불태워버렸다.

이 전투가 제2차 해전 중 세 번째 싸움인 당항포승첩이다.

6월 7일 아침, 척후선의 보고를 받은 이순신은 영등포(거제도) 앞바다로 진군해 갔다. 이때 왜적의 대선 5척, 중선 2척이 율포(장목면 대금리)로부터 가덕도를 향해 도망치는 것을 발견하였다. 이순신은 기상이 아주 나쁜 날씨임에도 불구하고 그들을 뒤쫓아가 섬멸해버렸다. 이것이 제2차 해전 중 네 번째 싸움인 율포승첩이다.

그러나 적선 72척을 불사르고 왜군 200여 명의 목을 베는 대승을 거두면서 아군의 손실도 컸다. 왜군의 피해에 비하면 아무것도 아니지만 아군 13명이 죽고 이순신과 나대용을 비롯 34명이 부상을 당한 것이다. 이순신은 싸움에서 전사한 군사를 고향으로 보내 장사지내게 하고 그 가족들에겐 정부에서 돌보도록 건의하였으며 부상자들의 치료에 모든 힘을 기울여 돌보았다.

이순신은 10일 연합함대를 해산하고 여수 좌수영으로 돌아온 뒤 '당포승첩 장계'를 임금에게 올렸다. 육지에서 일방적인 패배를 당해 좌절하며 평양까지 피신했다가 그곳마저 버리고 의주로 피신해 절망에 빠져 있던 선조 임금은 이런 승전 소식에 기뻐서 어쩔 줄 몰라 했다. 임금은 승전의 공로로 이순신에게 한 계급 오른 정2품 자헌대부 벼슬을 내렸다. 그리곤 유서를 내려 보냈는데 내용은 이렇다.

전쟁이 시작된 뒤로 모든 장수들이 피해 물러났는데, 이번 당항포싸움에서 크게 이겼으므로 그대를 자헌으로 올리는 것이니 힘써 하라. (후략)

한산해전

세계 4대 해전에 기록된 대승리

　　　　　　　　　제3차 출전인 한산해전은 한산도와 안골포해전을 합쳐서 한산대첩 혹은 견내량대첩이라 부른다. 훗날 행주대첩, 진주대첩과 더불어 임진왜란 3대첩의 하나로 꼽힌다.

　이순신의 해전 가운데 한산해전은 학익진을 펼쳐 승리해서 다른 해전보다 더 유명해졌고, 일본과의 전쟁에서 가장 큰 승리를 안겨 준 해전으로서 세계 4대 해전에 속하는 큰 해전이다.

　이순신은 제1차, 제2차 해전의 일곱 번 싸움에서 모두 승리한 뒤 잠시 휴식을 가져 아군의 전열을 정비했다. 파손된 해선을 수리하고 전사자나 부상자를 살핀 다음 적의 동태를 살피는 데 한시도 게을리하지 않았다.

　일본은 아무리 육지에서 승승장구해도 해상에서 연전연패를 거듭하자 군수품 조달에 어려움을 겪는 등 해상에서의 패배가 조선의 침략을 완성하는 데 커다란 걸림돌이 된다는 것을 알고는 초조함을 감추지 못했다.

　도요토미 히데요시가 조선을 침략하면서 세운 수륙병진작전은 해상에서의 패배로 완전 실패로 돌아가 급히 대책을 마련하려 해도 뾰족한 방법이 없었다. 전쟁을 승리로 이끌기 위해선 남해에서 전라도로 진격한 다음 서해로 북상해 육지의 군사들에게 식량이나 장비 보급을 해야 하는데 이순신이 버티고 있는 전라도 지역의 바다

한산해전이 벌어졌던 한산 앞바다

69

를 지날 수 없어 보통 난감한 일이 아니었다. 어찌됐든 조선을 넘어 중국까지 정벌하려던 일본의 야심은 해전에서의 패배로 인해 크게 꺾이고 말았다.

도요토미 히데요시는 이순신의 수군을 넘지 않으면 조선을 정벌할 수 없다는 생각에 장수들에게 호통을 치고 특별지령을 내렸다. 도요토미 히데요시로부터 강한 질책을 받은 왜적의 장수들은 급히 부산에 모여 대책을 마련했다.

왜적의 장수들은 회의를 거듭한 끝에 어떻게 하든 이순신을 물리치지 않으면 이 전쟁에서 승리할 수 없다고 판단하고서는 최선의 방법으로 대규모 선단을 꾸려 여수 쪽으로 움직였다. 이순신과 맞서 정면돌파라는 강수를 사용하려는 것이다. 이 선단은 무려 115척에 달하는 대규모의 선단이었다.

이런 정보를 입수한 이순신은 내심 쾌재를 불렀다. 왜적을 크게 무찌르면 무찌를수록 그들의 침략은 약화될 것이고 우리가 바다를 장악하고 있으면 육상을 침략한 왜군들은 결국 독 안에 든 쥐나 다름없다고 생각했다. 이순신은 이제 왜선이 아무리 많아도 전혀 두렵지 않았다. 오히려 더 많이 몰려오기를 바라고 있었다.

바다를 장악하는 제해권, 이순신은 나라를 구하는 길은 오직 이것뿐이라는 것을 누구보다 잘 알고 있어 바다를 지키는 것에 목숨을 걸었다.

일본이 여수 쪽으로 선단을 이끌자 이순신은 7월 4일 전라우수사 이억기와 합세한 뒤 그와 왜적과 싸울 작전회의를 마친 다음 노량에서 7척의 전함을 가지고 있던 원균과 합세하였다. 이로써 55척에 이른 연합함대는 다음 날 당포에 당도했다. 이곳에서 식수와 연료를 준비하고 있는데 이때 산에서 피난하고 있던 당포의 머슴 김천손이 다음과 같은 정보를 알려줬다.

"왜놈들의 배 70여 척이 오늘 오후 2시경 영등포에서 나와 견내량에 들어가 머물고 있습니다."

이 정보를 전해들은 이순신은 7월 8일 이른 아침, 임진왜란 전쟁사에서 가장 빛나는 전과를 올리는 견내량을 향해 나아갔다. 바다는 여전히 푸르렀고 침묵에 싸여 있었다.

우리 함대가 견내량에 모습을 보이자 적선 두 척이 나란히 포구에서 나와 우리의 동정을 살피고는 얼른 들어가버렸다. 그곳에는 대선 36척, 중선 24척, 소선 13척 등 총 73척의 왜선이 정박해 있었다.

이순신은 그곳의 지형을 자세히 살핀 후 장수들에게 작전을 설명했다.

첫째, 견내량은 지형이 좁고 연안에는 암초가 많아 판옥선처럼 큰 배들은 서로 부딪칠 위험이 있어 마음놓고 싸움을 벌일 수 없고, 둘째로는 왜적이 형세가 불리하면 육지로 도망칠 염려가 있기 때문에 적을 완전히 섬멸하기 위해선 왜적을 한산도로 유인해내야 한다는 것이었다. 그러기 위해 함대의 주력을 한산도 쪽으로 물리고 판옥선 5~6척을 보내 습격할 것처럼 가장했다. 일부러 적의 선봉선을 공격하는 척하다 왜군이 공격을 가하면 잠시 맞서 싸우다 후퇴하며 주력 함대가 있는 곳으로 유인토록 했다.

이순신의 이 작전은 기가 막히게 맞아떨어졌다. 판옥선 5~6척이 진격하다 후퇴하자 적선들은 우리가 밀려서 후퇴하는 것으로 알고 일제히 돛을 달고 의기양양 앞을 다퉈 쫓아왔다.

어느덧 한산도 넓은 바다로 적선들이 모두 쏟아져나왔다. 그러자 조선의 연합함대는 미리 계획해둔 작전에 따라 빠르게 뱃머리를 돌려 순식간에 학이 날개를 펼치듯 적선을 포위해버렸다. 이 진형이 바로 그 유명한 학익진이다.

왜적의 배들을 한산도 넓은 바다로 유인하여 한곳으로 모아놓고 학익진 진형으로 포위한 연합함대는 거북선을 앞세우고 지자포, 승자포, 현자포, 총통 등의 중화기로 적선을 향해 무차별 공격을 퍼붓기 시작했다. 이것이 우리의 계략이었던 것을 그제서야 알아차린 왜선들은 아차 싶었지만 그러나 이미 엎질러진 물이었다. 그들은 우리 아군의 공격에 놀라 반격을 가해왔지만 이미 대세는 기울고 말았다. 일본 수군은 아수라장이 되었다. 학익진으로 대열을 펼치고 쏘아대는 조선수군 총통의 위력에 속수무책이었다.

선봉의 배가 깨지고 불타자 이를 지켜본 왜적들은 뱃머리를 돌려 도망치기 바빴다. 그러자 이순신은 손수 북을 울리며 우리 군사들을 독려했다.

"공격을 계속하라!"

"한 놈도 살려보내지 마라!"

바다는 온통 불바다였다. 아군이 뿜어대는 화기와 불타는 왜선

들이 바다를 뒤덮었다. 그리고 왜적들이 흘린 피로 바다가 벌겋게 물들었다.

이 싸움에서 우리 아군은 왜군을 수천여 명 죽였고 왜군의 장수도 수십 명을 죽였다. 왜선 73척 중 47척을 격침시키고 12척의 배를 빼앗았다. 나머지 14척은 한산도 앞바다까지 유인할 때 따라나오지 않아 격멸하지 못했지만 만일 그 배들도 따라나섰다면 모조리 전멸했을 것이다. 그 배들은 견내량을 지나 가덕 쪽으로 도망쳤는데 그들을 추격하려던 이순신은 종일 큰 싸움을 벌인 군사들이 몹시 지쳐 있고 또 어느새 날도 저물자 포기하고 말았다.

임진왜란의 승패를 가르는 분수령이 된 한산해전, 이 싸움에서 대승을 거둔 이순신은 견내량에서 그날 밤을 지냈는데 이튿날 7월 9일, 척후선으로부터 안골포에 적선 40여 척이 정박해 있다는 보고를 들었다. 그러나 바람이 심하게 불고 파도가 높아 거제 온천도에서 그날 밤을 보낸 뒤 다음날인 7월 10일 아침 일찍 안골포로 향했다.

이순신은 안골포 앞바다에 이르러 먼저 지형지물을 파악한 다음 전라우수사 이억기에게 안골포 밖의 가덕 주변에 진을 치고 있다가 자신이 적과 싸움을 벌이면 즉각 도우라고 이르고선 원균의 전선들과 함께 돌격해 들어갔다. 이때 안골포에는 적의 대선 21척, 중선 15척, 소선 6척 등 총 42척의 배가 정박해 있었다.

왜놈들의 배를 지켜본 이순신은 그러나 선뜻 공격해 들어갈 수가 없었다. 이곳 역시 수심이 얕고 물이 빠지면 그대로 육지로 변해버리는 곳이라 판옥선과 같은 큰 배가 들어가 적들을 공격하기란 결

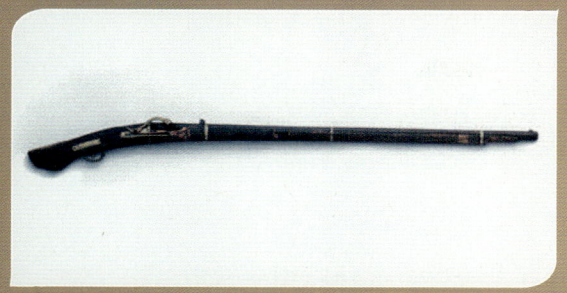
조총

황지총통

코 쉬운 일이 아니었다. 그래서 그들을 바다 한가운데로 유인하려 했다. 그러나 왜적들도 그렇게 어리석은 놈들이 아니었다. 이순신의 그런 유인작전에 여러 번 말려 크게 패했던 그들은 이번엔 순순히 넘어가지 않았다.

그러자 이순신은 작전을 바꾸어 여러 장수가 번갈아 가며 포구 안으로 들어가 천자포, 지자포, 현자포로 쉴새없이 공격해댔다. 그러자 왜군들도 당하고만 있을 수 없어 대응하기 시작했고 싸움은 점차 크게 벌어지고 있었다. 이때 이억기의 함대가 달려와 이순신을 도와 함께 공격을 펼치자 왜군들은 기세가 크게 꺾여 제대로 공격하질 못했다. 마침내 왜적은 조선의 연합함대에 격멸당하고 일부 살아남은 왜병들은 육지로 올라가 도망쳤다.

이튿날 아침 살펴보니 아군의 전사자는 19명, 부상자는 114명이었다. 왜군의 피해는 정확하게 알려진 것이 없으나 일본측에 의하면 자신들의 배 20척, 전사 혹은 부상자를 합쳐 1천여 명이나 되었다고 하니 가히 왜적의 피해가 얼마나 컸고 우리의 승리가 얼마나 컸었던가를 짐작할 수 있다.

7월 13일, 싸움을 승리로 끝내고 여수 본영으로 돌아온 이순신은 이틀 뒤 임금에게 승리한 장계를 올렸다. 그러자 이 승리의 공로로 조정에서는 이순신을 정2품의 정헌대부, 이억기와 원균을 종2품 가의대부로 승진시켰다.

한편 이 소식을 들은 육지의 군사들은 자신들이 승리한 것 이상으로 기뻐했다. 이미 의령의 곽재우는 의병을 모집해 왜군들과 치열하게 싸우고 있었고 휴정이나 유정과 같은 승려들까지 나라를 구하기 위해 의병을 일으켜 왜적들과 싸웠던 우리 의병들의 사기는 충천 백배하였다.

훌륭한 장수 하나가 나라를 구하는 기폭제가 되었다는 것은 정말 다행스러운 일이 아닐 수 없고 이것은 우리나라의 국운이었다. 역사에 가정이란 있을 수 없지만 만일 그 당시 이순신이 없었다면 우리나라의 운명은 어떠했을까 생각해 보면 정말 너무나 다행스러운 일이었다.

육지에서 승승장구하던 왜군의 장수 고니시 유키나가는 옥포에서 이순신의 승전보가 왕에게 도착하기 전 평양에서 의주로 피난 간 우리 임금에게 다음과 같은 조롱의 글을 보낼 정도로 기고만장했었다.

"일본 해군 10만 명이 또 서해로 진군해 오는데 그렇게 되면 전하의 수레는 장차 어디로 향할 것이오?"

정말 수치심이 치밀어 오를 일이었다. 적장으로부터 이런 조롱의 글을 받을 정도로 무기력했던 우리나라의 상황은 그러나 이순신의 승첩으로 말미암아 어느 정도 힘을 회복할 수 있었다. 이순신의 승첩이 계속되자 일본의 제1군 고니시 유키나가가 비록 평양을 점령했지만 더 이상 진격하지 못하고 왜적의 기세는 크게 꺾이고 말았다. 더 진격을 하려 해도 바다가 막혀 군수품이 조달되지 않으니 더 이상 전쟁을 크게 벌일 수가 없었다.

이 당시의 상황을 유성룡은 《징비록》에 이렇게 잘 적어놓고 있다.

> 적이 본시 수륙으로 합세해 서쪽으로 올라가려 했던 것인데 이 전쟁 한 번으로 적의 한 팔이 잘려버리고 말았기 때문에, 고시니가 비록 평양을 얻었지만 형세가 외롭고 약해져 감히 더 나가지 못했던 것이다. 그래서 우리나라에서는 전라, 충청으로부터 황해, 평안의 연해 일대를 확보해 군량보급과 호령 전달로 중흥을 이룰 수가 있었고, 또 요동의 김주, 복주, 해주, 개주, 천진 등까지도 동요하지 않아 명나라 군사들이 우리나라를 도울 수 있었던 것이니, 모두 이순신이 승첩한 공로라. 아아, 이것이 어찌 하늘의 도움이 아니겠는가?

부산승첩

왜적의 보급선을 끊어라

　이순신은 5월과 6월, 7월에 걸쳐 아홉 번의 싸움에서 승첩을 거두었지만 전혀 만족스럽지 않았다. 왜적들은 항상 500여 척의 배를 부산에 정박해 두고 무려 6~7만 명의 병력을 주둔시켜 놓았다. 왜적들은 부산성 안의 건물들을 헐어버리고 일본식 건물을 지으며 마치 자기네 땅에서 살아가는 놈들처럼 주인행세를 했다. 이를 지켜보는 이순신은 화를 이길 수 없었다.

　일본과의 전쟁에서 이기려면 어떻게든 부산에 정박해 있는 왜선과 왜군들을 물리쳐 적의 보급 기지가 되어버린 부산을 구하고 왜적의 보급선을 끊어버려야 된다고 생각한 이순신은 전선과 무기를 더 많이 만드는 등 군비를 늘리는 데 모든 힘을 기울였다. 그 결과 부산전투에 나설 즈음에는 전함 수를 22척 더 늘릴 수 있었다. 한산대첩 당시 52척이었던 배가 이젠 74척으로 늘었다. 협선 92척 외에 경상우수영의 판옥선이 몇 척 더 있어 전력이 한층 강해졌다.

8월 1일, 전라좌수군과 전라우수군은 여수 앞바다에 집결해 20여 일 조금 넘게 기동훈련을 반복했다. 아무리 전투에 능해도 상대의 숫자가 워낙 많아 미리 훈련을 해두어 전투에 대비하는 것이 옳다고 생각한 것이다. 이순신은 적과의 싸움에서 한 번의 실수가 결국 패배를 불러온다는 것을 누구보다 잘 알고 있었다. 그래서 연합함대의 기동훈련을 쌓은 것이다.

드디어 8월 24일, 이순신은 제4차 출전명령을 내렸다. 이는 경상우도 순찰사 김수로부터 왜군이 양산과 김해 등지로 내려오는데 도망치려는 것 같다는 보고를 들었기 때문에 지체하지 않고 경상바다를 향해 달려갔다.

74척의 판옥선과 92척의 협선, 연합함대는 이튿날 통영시 원량면 사량도에서 원균과 합류했다. 그리곤 동쪽으로 돌진하면서 왜군을 찾아다니던 함대는 드디어 8월 29일 왜적을 발견하였다. 낙동강이 바다로 들어가는 하구인 양산강, 김해강 앞에서 대선 4척, 소선 2척에 왜적 30여 명이 타고 나오는 것을 발견한 것이다. 그들은 조선함대를 보자 그대로 배를 버리고 육지로 올라가 도망쳐버렸다. 아군은 그들이 버리고 간 배를 모조리 불태웠다.

9월 1일 새벽, 연합함대는 가덕도 북쪽에서 출발해 부산 앞바다로 진격했다. 부산으로 진격하면서 화준구미에서 일본의 대선 5척, 다대포에서 대선 8척, 서평포에서 대선 9척, 절영도 앞에서 대선 2

척 등을 발견하여 모두 때려 부수고 부산진 동쪽 밑에 470여 척에 이르는 적선이 정박해 있는 것을 발견한다.

　부산포는 우리 강토인데 어느새 일본군영이 되어 있었다. 원균이 장악하고 있어야 할 곳인데 적의 손아귀에 넘어가 일본군이 군수품을 마음껏 조달하여 육지를 모두 점령하게 하고 있는 부산포, 이순신의 눈에는 분노의 빛이 이글거렸다.

　우리의 연합함대를 발견한 왜적은 대선 4척을 선봉으로 내세웠다. 그러나 그들은 이순신의 적수가 되질 못했다. 연합함대의 집중 포화로 모두 불태워졌고 연합함대는 그 여세를 몰아 적진 깊숙이 들어가 100여 척을 깨뜨리고 불태웠다. 이때 죽은 왜군의 수는 헤아릴 수 없을 정도로 많았다. 그러나 4차 해전 가운데 가장 치열한 싸움이었으면서도 아군의 피해는 고작 전사자 6명, 부상자 25명이 전부였고 아군의 배는 별다른 피해없이 멀쩡했다. 74척의 배로 500여 척에 이르는 배와의 싸움이라곤 정말 믿기지 않는 결과였다.

　이순신은 제4차 출전에서 십여 차례의 해전을 벌였다. 이 해전에서 모두 왜선 193척을 격파하고 왜군 2만 9천여 명을 죽이는 상상하기 힘든 전과를 올림으로써 육지에서의 전쟁에도 크게 영향을 끼쳤다. 조선수군이 바다를 완전히 장악하자 군량이나 군수품 보급에 차질을 빚은 일본군은 점점 부산쪽으로 밀려 내려오고 있었다.

　부산승첩 뒤에 여수 본영으로 돌아온 이순신은 전선과 화약을 더 만들고 군사들을 모집했다. 부산해전에서 100여 척의 전선을 격파

했지만 해안에는 아직도 350여 척이나 되는 전선이 정박해 있었다. 그 배들을 모조리 격침시키려면 이대로는 안 되고 아군의 군대를 새롭게 정비해야만 했다. 더욱이 일본군의 배와 병사는 우리 조선의 군대와는 비교될 수 없을 만큼 숫자가 많아 전선이나 화약 등을 더 많이 준비해 두지 않으면 안 되었다.

이순신은 다음의 전투를 위해 모든 방비를 철저히 했다. 더구나 겨울에는 해상의 날씨가 사나워 싸움을 벌이는 데 어려움이 많아 잠시 쉬면서 다음 전투를 위한 준비에 모든 힘을 쏟았다. 그러면서도 한편으론 여수로 피난 온 200여 호의 경상도 백성들을 여수 돌산도에 터전을 마련해 주고 추운 겨울을 잘 지낼 수 있도록 따뜻하게 보살폈다.

그렇게 임진왜란이 일어난 첫해가 저물고 계사년 새해가 밝았다.

그해 2월 평양성과 개성을 탈환하면서 조금씩 반전을 시키며 회복해 가던 우리 조정이 이순신에게 명령을 내렸다.

"왜적들이 도망갈 것이니 그대는 수군을 정비하여 왜적을 모조리 죽여 없애 조선의 한을 풀도록 하라!"

조정의 명령을 받은 이순신은 전라좌수영 아래에 있는 모든 진영에 소집령을 내렸다. 그간 벼르고 별렀던 웅포(진해시 웅천1동)의 왜적 선단을 쳐부수기 위해서였다. 그들은 부산으로 가는 길목인 웅포에 낙동강의 보급로를 지키기 위한 방어기지를 만들고 있었다. 그동안 이순신에 크게 패한 왜군은 전쟁이 잠시 소강상태에 빠져 있는 사이 전선 115척에 1만 6천여 명의 수군을 급히 보강했다. 이 것은 도요토미 히데요시의 전폭적인 지원으로 이루어졌다. 그만큼 일본의 도요토미 히데요시는 조선의 침략에 대해 그리고 어떻게든 이순신을 무찌르기 위해 모든 힘을 다 쏟아부었다.

일본군은 또한 서쪽으로 군수품을 조달할 수 없자 낙동강을 통해 육지에서 싸움을 벌이는 군사들에게 군수품을 조달하는가 하면 우리나라에서 약탈한 보물 등을 일본으로 가져갔다.

2월 6일, 그동안 며칠간 바다의 기상상태가 나빠 출전이 늦어졌지만 더 늦출 수 없어 이순신은 함대를 이끌고 출전했다. 이튿날 원균과 합세하고 그 다음날에는 전라우수영 이억기 함대와 칠천량에서 합세했다. 이렇게 해서 연합함대는 선단을 89척으로 꾸렸다. 연

웅포

합함대는 2월 10일 일본 왜선이 몰려 있는 웅포로 향했다.

웅포에 당도하자 포구에는 왜군의 배들이 줄지어 늘어서 있었고 포구의 양쪽 산기슭에는 그들이 쌓아놓은 성채가 있었다. 이순신은 선봉선으로 하여금 포구 안으로 들어가 왜선을 밖으로 유인하도록 했다. 그러나 두 차례에 걸쳐 유인을 해도 그들은 연합함대의 계략에 넘어가질 않았다. 며칠 동안 여러 차례에 걸쳐 유인해 봤지만 역시 마찬가지였다. 겁을 먹은 왜군들은 멀리서 조총만 쏘다댈 뿐 해전을 벌일 생각을 조금도 하지 않았다.

하는 수 없이 칠천도로 철수한 이순신은 작전을 달리할 수밖에 없었다. 바다와 육지에서 협공을 하는 수륙양면 협공작전을 쓰지 않으면 왜군들이 움직일 것 같지 않아서였다. 이순신은 경상우도순찰사 김성일에게 육군 장수들과 병마를 거느리고 빨리 웅천을 공격하라는 공문을 보냈다. 그러나 육군 장수들은 이에 응하지 않았다. 육지에서 자신들이 치르는 전쟁에도 힘이 벅차다는 것이 이유였다.

그러나 18일, 우리의 복병선들이 포구 안으로 깊이 들어가 총과 화살을 쏘아대자 어쩐 일인지 적선 10여 척이 응전하고 나섰다. 복병선은 서서히 그들을 밖으로 유인해 끌어냈고 어느 정도 적선이 포구 밖으로 나오자 우리의 연합함대는 기다렸다는 듯 일제히 각종 총통을 퍼부어 맹공을 가했다. 그러자 그들은 아차 싶었는지 다시 포구 안으로 숨어버리곤 나오지 않았다. 이때 적선 3척이 격침되고 100여 명의 왜군들이 죽었다.

이렇듯 혼쭐이 난 왜군들은 그 후 포구 안에 웅크리고 숨어 일체 조선의 함대와 싸움을 벌이지 않았다. 2월 6일 출전하여 3월 6일에 이르는 한 달여 동안 우리는 웅포의 왜군들에게 일곱 번에 걸쳐 공격을 시도했지만, 여전히 응전하지 않는 왜군들로 인해 전투다운 전투를 벌일 수 없었다. 종합 20여 척의 왜선을 깨뜨렸고 수많은 왜병들을 죽이긴 했으나 여태껏 벌인 전투에서의 전과에 비하면 초라한 성적이었다.

하는 수 없어 이순신은 4월 3일 더 이상 웅포에서의 싸움을 포기하고 연합함대를 해산한 다음 여수 좌수영으로 돌아왔다. 대응하지 않는 일본군 때문이기도 했지만 또 하나 중요한 것은 농번기가 된 것이다. 전라좌수영, 우수영 군사 4만여 명이 대부분 농사를 짓는 농민들이여서 농번기를 놓치면 군량은 물론 군사의 가족들까지 식량난에 빠질 것이다.

이순신은 농번기가 지나자 7월 14일 조정의 승낙을 받고 한산도 두을포로 진영을 옮겼다. 한산도의 기막힌 지형 때문이었다. 산이 바다를 에워싸고 있어 안쪽에 배를 감출 수 있고, 밖에서는 이곳을 볼 수 없어 천혜의 요새 조건을 갖추고 있었다. 더구나 왜적이 호남을 공격하려면 이 앞바다를 통과하지 않을 수 없어 적을 공격하기 좋았다. 여수는 경상도와 너무 멀리 떨어져 있어 기동성이 약했다. 적의 길목을 끊고 출격하기 유리한 조건 때문에 전라좌수영이 전라도에 있지 않고 경상도로 진영을 옮기게 된 것이었다.

이순신,
삼도수군통제사에 오르다

이순신이 한산도로 진영을 옮긴 지 한 달이 지난 8월 15일, 선조는 이순신을 전라좌수사 겸 삼도수군통제사로 임명했다. 그러니까 충청과 전라, 경상도 삼도의 수군을 다스리는 총사령관으로 임명한 것이다. 이때 이순신의 나이 49세였다.

조선수군의 총사령관이 된 이순신은 똑같은 계급이었던 전라, 경상, 충청의 수사들을 지휘감독하는 자리에 올라 그들로부터 진심 어린 축하를 받고 복종할 것을 다짐받았다. 그러나 군에서 이순신보다 선배였고 그동안 이순신의 공로에 시기심을 보였던 원균은 드러내놓고 못마땅하게 생각했다.

이순신은 삼도수군 통제영으로 사용하기 위해 한산도에 운주당을 지었다. 그러나 이때 한산도에 전염병이 크게 돌아 병사들이 자리에 눕거나 죽어가 2월부터 8월까지 병들어 죽은 병사가 무려 600여 명에 달했다. 또한 군량이 턱없이 부족하여 굶주려 죽는 사람까지 늘어나 고통스러웠다.

이순신은 임금께 보고해 도움을 청했지만 나라에선 아무런 답변도 없이 도와주지 않았다. 전쟁통에 농사를 제대로 짓지 못하고 거기다 2년간 흉년까지 겹쳐 온 나라가 굶어 죽는 사람 천지였기 때문에 방법이 없었다. 결국 이순신은 스스로 군량을 준비해야 했는데 이게 마음처럼 그렇게 쉽지가 않았다.

이순신은 군사들의 식량을 스스로 마련하기 위해 둔전(군졸이나 평민 등에게 개간하지 않은 땅을 개척하여 농사를 짓게 하고 여기에서 나오는 수확물의 일부를 군대의 양식으로 쓰도록 한 밭)을 실시하고 물고기를 잡아 굶주림을 면할 수 있는 일이라면 뭐든지 다 했다.

그러면서도 한편으론 군사를 훈련시키고 배를 늘리고 화약과 화포 등을 만들어 비축해 두는 것을 소홀히하지 않았다. 전쟁이 쉽게 끝날 것 같지 않았고 언제 어느 순간 출전하여 왜군과 싸워야 할지 모르는 상황이었기 때문이다.

이순신은 판옥선의 수를 늘리는 것에 가장 중점을 두었다. 그동안 왜군들과 싸우면서 군선의 숫자가 형편없이 적어 싸움에 어려움을 겪었던 이순신은 1593년부터 다음해까지 전라좌도 60척, 전라우도 90척, 경상우도 40척, 충청도 60척 등 모두 250척의 판옥선을 새

제승당 임진왜란 때 충무공이 작전지휘소로 세웠던 곳이다. 이 충무공은 1593년 7월 15일부터 1597년 2월 26일 한양으로 붙잡혀가기까지 3년 8개월 동안 진영을 여기에 설치하였다. 왜적을 물리치기 위한 작전도 짜고 총통과 같은 신무기의 제작과 보급에 힘쓰는 등 모든 군무를 관장하던 곳이다. 총 1,491일분의 난중일기 중 1,029일의 일기가 여기에서 쓰여졌고 많은 시를 남기기도 한 곳이다.

수루 이 수루는 일종의 망루로서 임진왜란 때 이 충무공이 이곳에 자주 올라 왜적의 동태를 살피면서 왜적을 물리치고 나라를 구하게 해 달라고 기도하며 우국충정의 시를 읊기도 한 곳이다.

제승당 유허비

충무사 이순신 장군의 영정을 모시는 사당이다. 영정은 종이품 통제사의 관복 차림으로 그려져 있다.

한산정 활터 한산정은 충무공이 부하 장졸들과 함께 활쏘기를 연마하던 곳이다. 여기서의 거리는 약 145미터 정도로 활터와 과녁 사이에 바다가 있는 곳은 이곳뿐이다. 이충무공이 여기에 활터를 만든 것은 밀물과 썰물의 교차를 이용해 해전에 필요한 실전거리의 적응훈련을 시키기 위해서였다.

로 만들었고, 판옥선보다 작은 정찰연락선 250척을 새로 건조하는 놀라운 업적을 올렸다. 수군의 생명과도 같은 전함을 이렇듯 많이 만들어 놓게 되자 군의 사기도 높아졌다.

이렇게 위용을 높인 이순신은 갑오년(1594년) 3월 3일 저녁, 삼도의 수군을 모두 한산도로 집결시킨 뒤 어두운 밤을 뚫고 적진으로 출동했다.

견내량을 지나 지도에서 잠시 휴식을 취한 뒤 다음 날 새벽 어영담에게 경쾌선 31척을 이끌고 적선이 있는 당항포, 오리량으로 먼저 가게 한 뒤 이순신은 이억기, 원균과 함께 중도 앞 해상으로 나가 학익진을 펼쳤다.

3월 4일, 왜선 10척이 창원에서 나와 해안선을 따라가는 것을 발견한 어영담의 함대가 공격을 개시해 읍전포에서 6척, 어선포에서 2척, 자구미포에서 2척을 불태웠다. 살아남은 왜군들은 모두 육지로 도망쳤다.

3월 5일, 어영담이 거느린 특전대가 포구 안으로 돌격했으나 포구 안에 늘어서 있던 적선은 군사들이 모두 줄행랑을 치고 없어 빈 배들뿐이었다. 어영담은 적선 21척을 모두 불태워버렸다. 이 당항포 전투는 이순신이 삼도수군통제사가 된 후에 이룬 최초의 승첩이었다.

하지만 싸움이 끝난 뒤 원균은 공로를 독차지할 생각으로 모든 전공이 경상우도 수군에게 있는 것처럼 꾸며 임금에게 장계를 올렸다. 이런 일은 그동안 원균에게 수없이 반복된 일이었다. 왜적이 맨 처음 부산에 침략했을 때 군비를 바닷속에 처넣고 도망갔던 그는 불과 3~4척의 전함을 가지고 이순신과 합류해서 겨우 싸움에 참가하였다. 그는 독자적인 힘으로 왜군과 싸울 능력이 전혀 없었다. 오로지 이순신에게 빌붙어 왜군의 목을 베곤 조정에 자신의 공적으로 보고하였다.

겨우 자신의 존재를 드러내면서 어이없게도 이순신의 공적을 가로채는가 하면 그것도 모자라 조정 대신들과 한통속이 되어 이순신을 모함했다. 이순신이 자신을 밀치고 삼도수군통제사가 되자 원균의 모함은 더욱 심했다.

그가 처음부터 그랬던 것은 아니다. 처음에 원균은 이순신이 자기를 구원해 준 것을 은덕으로 생각해 이순신과 사이가 좋았다. 그러나 이순신과 함께 왜군과 싸워 이긴 공이 모두 이순신에게로 돌아가자 중앙과 지방의 많은 인사들과 연결해 이순신을 모함하는데 힘을 다했다.

이러는 가운데 왜군들과의 싸움에서 과로한 이순신은 서서히 건강이 나빠지기 시작한다. 쉬면서 병을 회복해야 함에도 불구하고 왜군들을 물리치려는 생각에 골몰해 있었다. 이때 일본군과 강화교섭을 위해 웅천에 와 있던 명나라 도사 담종인이 '왜적을 치지 말라!' 는 패문을 보내왔다. 그러자 이순신은 화가 치밀어 올라 병세가 더욱 악화되었다.

패문의 내용은 다음과 같았다.

"왜군의 장수들은 모두 무기를 거두고 군사들과 함께 자기 나라로 돌아가려 하니 조선의 모든 병선들도 각기 제 고장으로 돌아가고 왜의 진영에 가까이 다가가 말썽을 일으키지 말도록 하라!'

이순신은 이런 내용의 패문을 보고 분개했다. 그들에게 보낼 답장을 부하들에게 시켜 써오도록 했으나 내용이 마음에 들지 않자 이순신은 병석에 누운 몸으로 손수 답장을 썼다.

"…보내신 패문을 보니 '왜적에 다가가 말썽을 일으키지 말라'고 하셨습니다. 그러나 왜적들이 진을 치고 있는 거제, 웅천, 김해, 동래 등은 모두 우리 땅인데 우리더러 왜군 진영에 가까이 가지 말라는 것은 무슨 말이며, 또 우리에게 각기 제 고장으로 돌아가라 하니 자기 고장이란 어디 있는 것인지 알 길이 없고 말썽을 일으키지 말라고 했는데 말썽을 일으키는 자는 우리가 아닌 왜적들입니다. 또한 왜인들은 본래 간사스럽기 짝이 없어 예로부터 신의를 지켰다는 말을 들은 적이 없습니다. 흉악하고 교활한 적들이 포악스러운 행동을 그치지 않고 바닷가에 진을 친 채 해가 지나도록 물러가지 않고 여러 곳에서 살인과 약탈을 점차 더하는데 적들이 무기를 거두어 돌아가려는 뜻이 어디에 있습니까. 그들과 강화한다는 것은 실로 속임수와 거짓밖에 아닙니다."

명나라의 대신을 꾸짖는 답서를 작성한 이순신이 병세가 점점 더 악화되어 이를 보다 못한 아들과 조카들이 병조리를 위해 휴식하기를 간청하였다. 그러나 이순신은 그들을 엄하게 꾸짖었다.

"적을 상대해 승패를 결단해야 하는 그날이 가까웠다. 그런데 어찌 장수된 자로서 아직 죽지 않았는데 편히 누울 수가 있단 말이

냐!'

그로부터 4개월여가 지났다. 적군이 서서히 움직이기 시작하자 이순신은 도원수 권율과 수륙합동작전의 필요성에 대해 의논을 했다. 그리곤 출전 준비를 했다.

권율이 의논한 대로 9월 27일 군사를 일으키겠다고 통보해 오자 이순신은 함대를 이끌고 한산도를 출발했다. 그러나 왜적은 도망쳐 깊이 숨고 나오지 않아 이렇다 할 전투를 벌일 수 없었다. 전과라곤 적선 2척을 불태운 것뿐이었다. 그러자 이순신은 수륙연합군을 해산하고 다음날 한산도로 귀환했다.

병세가 계속되는 상황에서 이렇듯 왜적들을 물리치는 일에 늘 골몰해 있던 이순신에게 점차 좋지 않은 일들이 기다리고 있었다. 바로 경상우수사 원균의 모함이었다. 그는 나이도 이순신보다 다섯 살이 많았고 무과에도 이순신보다 일찍 급제하였으며 벼슬도 이순신보다 앞서 있었다. 비록 경상우수영을 버리고 도망친 패장이었지만 경상우수영은 전라좌수영보다 규모가 크고 상위의 진영이다.

그러나 임진왜란이 일어나고 이순신이 옥포해전, 당포해전, 한산해전 등 큰 싸움에서 연속적인 대승을 거두어 삼도수군통제사라는 수군 최고의 자리에 오르자 그의 시기와 질투는 극에 달하였다. 그는 이순신의 지휘를 따르지 않고 제멋대로 행동하였으며 이런 그의 행동은 조선 수군 전체의 규율에도 나쁜 영향을 끼쳤다.

원균은 대부분 왜적과의 싸움이 자신의 관할 지역인 경상도에서 일어났고, 경상도에서 승리를 거두었기 때문에 진정한 공로는 경상우수사인 자신에게 있다는 해괴한 논리를 앞세웠다. 조정의 대신들을 뇌물로 포섭하고 대신들은 이런 원균의 주장에 동조하며 임금에게 아뢰었다. 그러자 선조 임금도 거기에 동조하게 되었다.

　이러한 분위기를 심각하게 생각한 이순신은 급기야 선조 27년 (1594년) 말, 자신의 직책을 바꿔달라는 장계를 조정에 올렸다.

　조정에서는 이순신의 장계를 받고 회의를 거듭하였는데 지금 당장 수군통제사를 바꾼다는 것은 위험한 일이라며 두 사람의 관계를 우려해 일단 원균을 충청병사로 전출시켰다. 지금은 직책에 연연할 때가 아니라 전쟁 중인 점을 감안해 원균과의 불화가 지속되면 우리 수군의 사기를 떨어뜨릴 뿐 하나도 득이 될 수 없다는 판단 때문이었다. 이는 아군보다 적군에게 이로움을 주는 일이었다. 조정에선 원균의 후임자로 배설을 임명하였다.

외로운 백의종군

한산도에서의 생활은 이순신에게 고되고 외로운 시기였다. 삼도수군통제사의 자리도 마찬가지였다. 우리 바다를 책임지고 왜군으로부터 지켜내야 할 임무와 원균과 같은 무리의 모함 등은 이순신을 지치게 했다. 그러면서도 나라의 앞날에 대한 걱정으로 밤을 지새우는 일이 많았다. 그가 지은 '한산도가'를 보면 이순신의 마음이 어떠했는지를 헤아릴 수 있을 것 같다.

한산도가

한산섬 달밝은 밤에

수루에 홀로 앉아

큰 칼 옆에 차고

깊은 시름 하는 차에

어디서 일성호가는

남의 애를 끊나니

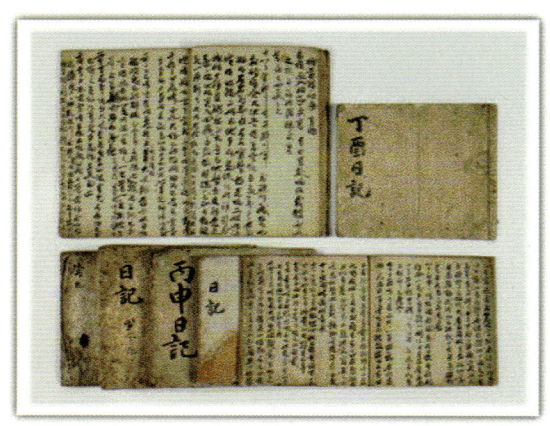

난중일기

　전쟁이 계속되는 4년 가까이 지루하게 진행된 명나라와 일본 간의 강화협상은 이렇다 할 진전없이 맴돌고 있었다. 임진왜란이 일어난 직후부터 강화협상이 있었으나 협상은 맺지 못하면서 여기저기서 산발적인 전투가 계속되고 있었다. 일본은 이 회담을 최대한으로 이용, 자기들의 이익에 따라 철수하는 척하기도 하고 때론 싸움을 걸기도 하면서 시간을 끌었다.

　그동안 이순신은 견내량을 굳게 지키며 언젠가 일어날 왜적들과

의 싸움을 위해 수군을 재정비하고 군비를 비축해 두었다. 전염병이 돌아 많은 병력의 손실이 있었고 지리한 전쟁에 지친 병사들이 도망치는 경우도 생겼지만, 그럴 때마다 군사를 새로이 모집하여 최소한의 정예군사를 유지하고 있었다.

둔전을 경영해 독자적으로 군량을 확보하고 소금을 굽고 고기를 잡아 군수품을 조달하는가 하면 화기를 개발하고 화약을 제조했다. 활쏘기와 군사훈련, 함대의 기동훈련을 반복하여 전함을 더욱 완벽하게 다졌다.

그러나 견내량을 지키고 군사력을 확보하려는 이순신의 전략을 두고 오히려 왜적들과의 싸움을 회피하는 것이라는 등 원균의 모함은 정유년을 전후해 극에 달했다. 원균은 뇌물로 한양의 대신들을 자기편으로 만들고 수도 없는 모함을 꾸며 임금에게 보고한다.

이순신에게 모함을 하는 부류는 크게 둘로 나눌 수 있다. 하나는 이순신을 제거하려는 원균의 세력과 또 하나는 이순신을 쫓아내 전쟁을 승리로 이끌려는 왜적들이었다.

명나라와의 강화교섭이 자기들 뜻대로 이루어지지 않자 도요토미 히데요시는 다시 전쟁을 일으키려 했다. 전쟁을 일으켜 승리하려면 이순신을 제거해야만 하고 그러지 않으면 불가능하다는 것을 임진란을 통해 뼈저리게 느꼈다. 그래서 생각해낸 것이 일본 고니시 장수가 간첩 요시라를 내세워 전쟁을 모르는 조선의 조정을 어지럽혀 결국 이순신을 제거하게 만드는 전략이었다. 간첩 요시라는 일본을 배반해 우리 편으로 망명한 것으로 위장, 거짓정보를 흘리게 하는 이중간첩이었다.

　요시라가 거짓 정보를 제공해 일본이 우리를 침략하니 때를 맞춰 출전해 왜군을 공격하면 크게 승리할 것이라고 하자 이를 믿은 어리석은 조정은 이순신에게 출전명령을 내린다. 하지만 일본이 함정 유인하는 것임을 알아차린 이순신은 왜군과 싸움을 벌이지 않았다.

　설령 왕명을 거역하는 일이 있더라도 어쩔 수 없는 일이었다. 적의 꾀임에 넘어가 그 많은 군사들과 전함을 바닷속에 수장시킬 수는 없었다. 또한 여기에서 패하면 조선이 여태껏 간직해온 수군의 위용뿐만 아니라 군기를 잃어버려 회복하기 어려운 지경에 이를 수도 있는 일이었다. 이것은 결코 나라를 위한 일이 아니란 걸 이순신은 누구보다 잘 알고 있었다.

　정유년(1597년) 2월 4일, 일본의 재침략이 있기 얼마 전 사헌부에서 이순신을 감옥에 처해야 한다는 주청이 있자 선조는 2월 6일 이순신을 체포하라고 명한다.

　결국 이순신을 체포하기 위해 의금부도사가 한산도에 이르렀다. 원균은 새 수군통제사가 되어 함께 왔다. 그러자 이순신은 침착하게 군량미 9,914섬, 화약 4,000근, 총통 300자루 목록과 현품을 원균에게 인계한 뒤 말없이 한양으로 수송되는 함거에 올랐다. 그러자 사방에서 백성들과 군사들이 통곡하는 소리가 하늘을 울려댔다.

　임진왜란이 일어난 다음해 계사년 7월 15일 한산도로 진을 옮긴 후 만 3년 8개월 동안 오직 나라와 민족을 지키려 애썼던 이순신은 그렇게 죄인의 누명을 쓴 채 한양으로 압송되었다. 이때 이순신의

나이 53세였다.

원균이 새 통제사가 되어 한산도로 내려가던 중 친척인 동암공에게 인사를 갔다. 이때 동암공이 새 통제사가 된 것을 축하하자 원균은 다음과 같이 말했다.

"나는 통제사가 된 것을 영광으로 생각하는 것보다 이순신에게 당한 수치를 씻는 일을 더 기분좋게 생각한다."

원균이 얼마나 이순신을 증오하고 시기하고 있었는지를 잘 알려 주는 대목이 아닐 수 없다. 동암공은 이런 원균에게 다음과 같이 말했다.

"사또가 힘을 다해 적을 무찔러서 이순신보다 더 뛰어나야 그것이 참으로 수치를 씻는 일이지 단순히 이순신을 대신한다는 것만 가지고 어찌 수치를 씻는 일이라 하겠소?"

원균이 돌아가자 동암공은 안방준에게 "원균의 사람됨을 보니 나랏일은 다 틀렸다."고 탄식했다.

이순신이 한양에 압송된 것은 3월 4일이었다. 의금부 감옥에 갇히자 여러 사람이 찾아와 이순신의 앞날을 걱정했다.

"상감마마의 노여움이 극에 달해 있고 조정 대신들 역시 그러하니 장차 이 일을 어찌하면 좋겠소?"

그러자 이순신은 조용히 말했다.

"죽고 사는 것은 하늘의 명이오. 죽게 되면 어쩔 수 없는 일이오."

게바위 해암리 게바위는 현충사와 더불어 이순신 장군의 자취가 남아 있는 중요한 유적이다. 백의 종군을 위해 경상도 합천 초계로 향하던 중 장군의 투옥 소식을 듣고 장군을 만나기 위해 상경 중이던 어머니가 돌아가시자 이 소식을 전해들은 장군이 바로 이곳 게바위에서 어머님의 시신을 부여잡고 슬퍼했던 곳이라 전해지고 있다. 옛날에는 여기까지 강물이 흘러들어 배가 드나들었다고 한다.

이순신이 옥에 갇히자 도체찰사 이원익은 "왜적이 가장 무서워하는 것이 이순신의 수군이옵니다. 그러니 그를 가둬서는 안 되고 원균을 통제사로 보내서는 더더욱 안 됩니다."라는 상소문을 올렸다. 감히 임금의 결정에 반하는 것이어서 자칫 해를 당할 수 있었음에도 그는 굴하지 않고 상소문을 올린 것이다. 하지만 선조 임금은 이런 상소에 전혀 귀를 기울이지 않고 무시해버렸다.

이순신에게 이때 내린 죄목은 네 가지였는데 모두 터무니없는 거짓 모함이었다.

　첫째, 조정을 속이고 임금을 업신여긴 죄 둘째, 적을 놓아주어 나라를 저버린 죄 셋째, 남의 공로를 가로챈 죄 넷째, 모두 자기 멋대로이고 거리낌없이 행동한 죄였다.

　이순신은 감옥에 갇히어 혹독한 고문을 당하였다. 서인들은 이순신의 목을 벨 것을 주청하였고 한편에선 죽여선 안 된다는 의견이 맞섰다. 판중추부사 정탁은 "고문을 중지하고 그의 목숨을 살려 다시 공을 세우도록 하라."는 탄원서를 올렸는가 하면 이순신의 종사관으로 있던 정중달은 죽음을 무릅쓰고 "상감께서 만일 이 사람을 죽이신다면 사직이 망할 것인데 어찌하오리까?" 하는 상소문을 올렸다.

　이러한 상소문들이 물밀듯이 당도하자 선조 임금은 이순신에게 사형을 면하고 백의종군하라는 명령을 내리면서 감옥에서 풀어주었다. 이것이 두 번째 백의종군하라는 명령을 받은 것으로서 감옥에 갇힌 지 28일 만인 4월 1일의 일이었다.

　그로부터 이틀 후 이순신은 한양을 떠나 남쪽으로 내려갔다. 삼도수군을 총 지휘하던 이순신은 무등병이 되어 권율의 원수부가 있는 합천 초계로 내려갔다. 아산에 이르러 부친의 산소를 참배했다. 그리고 다시 길을 떠나려는데 83세의 노모가 아들이 잡혀갔다는 소식을 듣고 여수 고음내에서 아산 본가로 배를 타고 올라오다 돌아가셨다는 슬픈 소식을 들었다. 이순신은 뱀밭에서 어머니를 기다리다 어머니가 게바위에 닿자 어머니의 시신을 끌어안고 통곡하였다.

그러나 장례도 제대로 치르지 못하고 금부도사의 이끌림에 길을 떠나 합천으로 향해야만 했다. 합천 초계에 도착하여 권율에게 신고를 마치자 권율은 이순신을 위로했다.

그날부터 7월 17일까지 백의종군한 이순신은 비록 계급이 없는 무등병이었지만 이순신의 명성은 잘 알려져 있었기 때문에 그 누구도 이순신을 가벼이 대하는 사람이 없었다.

한편 모함을 일삼아 수군통제사 자리를 차지한 원균은 이순신의 부하들을 대부분 갈아치우고 자신의 심복들로 자리를 채우곤 주색에 빠져 헤어나오지 못했다.

유성룡은 《징비록》에서 원균에 대해 다음과 같이 적고 있다.

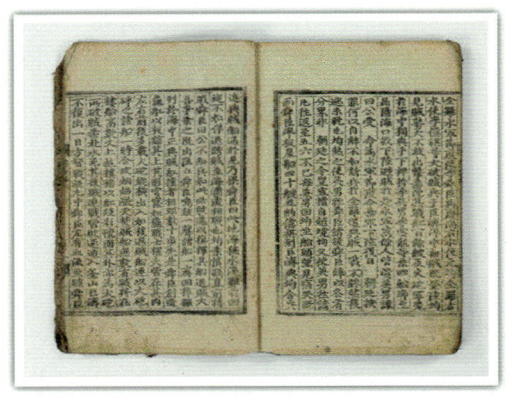

징비록

이순신은 한산도에 거처할 때 운주당이라는 집을 짓고 밤낮으로 그 안에 거처하면서 여러 장수들과 전쟁에 관한 일을 함께 의논했는데, 비록 지위가 낮은 군졸일지라도 전쟁에 관한 일을 말하고자 하는 사람에게는 찾아와 말하게 함으로써 군중의 시정에 밝았으며 매번 전쟁할 때마다 부하 장수들을 모두 불러 계책을 묻고 전략을 세운 후에 나가서 싸웠기 때문에 패전하는 일이 없었다.

그러나 원균은 자신의 첩과 그 운주당에 거처하면서 울타리로 운주당의 안팎을 막아버려 여러 장수들은 그의 얼굴조차 보기 어렵게 되었다. 또 술을 즐겨 날마다 주정을 부리고 화를 내며, 형벌 내리는 일에 법도가 없었다.

군중에서 가만히 수군거리기를 "만일 적병을 만나면 우리는 달아날 수밖에 없다"라고 했고, 여러 장수들도 서로 원균을 비난하고 비웃으면서 또한 군사 일을 아뢰지 않아 그의 호령은 부하들에게 시행되지 않았다.

정유재란이 시작되다
한산의 무너짐

1597년 1월 14일, 선조 30년이 되던 해, 가토는 전함 200여 척을 이끌고 울산 서생포로 침략했고 15일에는 고니시 등의 병선이 두모포 등으로 들어왔다. 3월에는 주력부대 14만여 명이 물밀듯이 쳐들어왔다. 이른바 정유재란이 시작된 것이다.

1차 침략의 임진왜란이 조선을 점령하고 명나라까지 진출하는 것이 목적이었지만 그것이 불가능해지자 일본은 2차 침략인 정유재란을 일으켜 경기, 충청, 전라, 경상4도를 점령하려는 야욕에 불타 우리나라를 다시 침략하였던 것이다.

원균이 통제사가 되고 이순신이 감옥에 갇히자 일본 장수들은 "이제 이순신이 없어졌으니 아무 걱정이 없다"고 좋아하면서 술판

을 벌였다. 그러면서도 조선 수군에 대한 두려움은 가시지 않았다. 그래서 또다시 이중간첩 요시라를 조선측의 김응서와 접촉하게 해 조선에 정보를 주는 것처럼 하면서 가토 기요마사의 이동경로인 역정보를 알려준다. 첩보를 받은 도체찰사(왕에게 일정 부분 권한을 위임받아 전쟁을 지휘하거나 조정에 조언하는 직위) 이원익은 권율과 상의한 뒤 수군의 출전명령을 내렸다. 이중간첩 요시라의 거짓 정보에 감쪽같이 넘어간 순간이었다.

105

　도원수 권율의 명령을 받은 원균은 그러나 육군 30만 명을 동원하여 안골포와 가덕도의 왜군을 물리친 뒤 수륙연합작전을 펴 부산을 공격해야 한다면서 좀체 함대를 출동시키지 않았다. 이는 싸움을 하기 싫은 핑계였다. 그가 동원해야 한다고 말한 육군 30만 명은 조선의 군사 전체를 몇 배 합쳐도 채울 수 없는 터무니없는 요구의 숫자였기 때문이다. 이는 아예 출전을 하지 않겠다는 말과 같았다.
　조선의 조정은 원균에게 출전을 독촉했다. 그래도 별다른 움직

| 칠천량 앞바다

임이 보이지 않자 도체찰사 이원익은 남이공을 한산도로 보내 원균을 끌고 바다로 나가도록 했다. 그러자 원균은 마지못해 6월 18일 함대를 이끌고 나가 안골포와 가덕도를 공격했다. 하지만 왜적 시마즈의 강력한 부대를 만나 크게 패하고 칠천도로 돌아왔다. 이 싸움에서 원균은 적군을 하나도 잡지 못하고 보성군수 안홍국과 평산포만호 김축을 잃고 말았다.

싸움에서 패했다는 소식을 들은 도원수 권율은 원균을 사천까지 불러 곤장을 치며 다시 출동하라는 명령을 내렸다. 그러자 한산도로 돌아온 원균은 치욕을 당한 걸 화풀이하듯 7월 5일 전함 200여 척을 이끌고 부산으로 출동했다.

칠천량을 지나고 옥포에서 하루를 묵은 다음 7일 다대포에서 왜선 8척을 격파한 뒤 부산으로 들어갔다. 부산 절영도에 이르니 왜군의 전함이 무려 1,000여 척이나 정박해 있었다. 어마어마한 숫자의 전함이었다.

  날은 저물고 왜적의 배는 바다 한가운데서 나타났다 숨었다 했다. 그러나 이것이 왜군들의 유인작전이란 것을 모른 원균은 무작정 공격명령을 내렸다. 하지만 군사들은 부산 절영도에 들어오기까지 쉬지 않고 노를 저으면서 왔기 때문에 모두 힘이 빠져 곧바로 싸움을 시작한다는 것은 애초부터 무리였다. 전투를 하려면 충분한 휴식을 취한 다음에 했어야 했는데 원균은 이렇게도 미숙했다. 엎친 데 겹친 격으로 풍랑까지 심하게 일어 아무리 힘껏 노를 저어도 배는 앞으로 나아가지 않고 제자리에서 뱅뱅 돌기만 했다. 그러다 세찬 풍랑에 바로 나가기도 하고 옆으로 처지기도 하며 우리 배들은 그렇게 방향을 잃고 사방으로 흩어져 떠내려가고 있었다.

  또한 판옥선 한 척당 164명이던 군사의 수가 90명으로 줄어 있었다는 것을 깜빡 잊고 있었던 것도 문제였다. 원균에 불만을 품어 군사들이 도망쳐 군사의 수가 줄어 있었음에도 불구하고 감정을 억제하지 못하고 억지로 출동한 것과 상황을 파악하지 못한 상태에서 우리 수군의 운명은 그야말로 바람 앞에 촛불이었다.

  군사가 제대로 노를 젓지 못하자 우리 함대는 풍랑에 밀려 사방으로 흩어지고 20여 척의 배는 표류되어 울산 서생포까지 밀려가 격파당하기도 했다. 원균은 일방적인 공격으로 참패를 당하자 남은 배들을 수습해 가덕도로 후퇴했다. 그러나 적군들은 조선의 함대가 그리로 후퇴할 것을 알고 배후를 지키고 있다가 사정없이 공격해왔다. 원균은 이 싸움에서 판옥선 20척과 군사 400명을 잃고 칠천량으로 황급히 도망쳤다.

도원수 권율은 원균이 또다시 패하자 고성으로 불러 곤장을 치곤 다시 공격하라고 명령했다.

곤장을 맞고 칠천량으로 돌아온 원균은 화가 치밀어 견딜 수 없었다. 거기에다 경상우수사 배설이 '칠천량은 수심이 얕고 물목이 좁으니 다른 곳으로 진지를 옮겨야 된다' 고 주장했으나 이 말도 듣지 않았다.

결국 7월 15일 밤, 일본 수군이 칠천량을 기습했다. 왜선 5~6척이 우리의 전선 4척에 불질렀고 16일 새벽에는 물밀듯 몰려와 고성 춘원포와 한산도로 후퇴해 진을 쳤다. 하지만 우리 전선들은 모두 불타고 깨진 상태였으며 모든 장수와 군사들은 대부분 불에 타 죽고 물에 빠져 죽었다.

원균과 순천부사 우치적은 왜군을 피해 함대를 버리고 육지로 도망쳐 올라왔다. 늙고 뚱뚱한 원균은 제대로 걷지를 못해 칼을 지팡이 삼아 소나무 아래 혼자 앉아 있었다. 김식이 도망치면서 뒤돌아보니 그곳으로 왜군 6, 7명이 칼을 들고 달려가고 있었다. 원균은 이내 그들의 칼에 맞아 죽고 말았다. 그의 나이 58세였다.

정말 어처구니없는 일이었다. 최고사령관이 함대가 전멸당하기 전에 육지로 도망치다 힘없이 왜군의 손에 죽임을 당한 것은 정말 치욕이 아닐 수 없으며 부끄러운 일이었다.

칠천량해전에서 우리 수군은 180여 척의 전함과 수천 명의 군사를 잃어버렸다. 이는 우리 해군사에서 가장 큰 치욕으로 기록될 최대의 참패였으며, 이순신이 임진왜란이 일어나기 이전 14개월 전부터 피땀 흘려 마련한 막강 수군이 흔적도 없이 사라진 전멸의 해전이었다. 단 한 번의 전투로 조선 수군이 궤멸당했다는 것은 정말 어처구니없는 일이었다. 게다가 이 싸움에서 전라우수사 이억기와 충청수사 최호 등 명장들인 우리 수군 지휘관들이 죽은 것도 너무나 큰 손실이었다.

이 해전을 당시엔 견내량해전, 또는 '한산의 무너짐'이라고 불렀다. 그러나 해전이라 부르기에도 부끄러운 이 싸움은 싸움이랄 수 없는 우리의 일방적 패배였다. 이해할 수 없는 조정의 판단, 임금의 중심 없는 통치, 병법에 통달하지 못한 최고사령관 도원수 권율의 무모한 공격 명령, 여기에 장수답지 않은 장수, 자신의 출세에만 눈이 먼 졸렬한 수군최고사령관 원균, 그런 그들에게 승리를 기대한다는 것은 애초부터 잘못이었다.

이순신과 수많은 전투에서 승첩을 세운 이억기는 수군이 거의 전멸하자 왜군의 칼에 맞아 죽기 싫어 바다에 뛰어들어 스스로 목숨을 끊었다. 임진년의 당포해전, 한산해전, 부산해전에서 이순신을 도와 대승첩을 거두었던 명장의 이런 허망한 죽음은 실로 안타까운 일이 아닐 수 없다.

경상우수사 배설은 처음부터 아군이 패할 것을 짐작하고 있었다. 원균의 지휘 능력으로 왜군을 이길 수 없다고 판단한 그는 왜군이 몰려오자 한산도로 군사를 이끌고 돌아와, 먼저 집과 무기들을 모조리 불태우고 백성들에겐 피난을 명령한 후 12척의 전함을 이끌고 달아나버렸다. 이때 배설이 이끌고 달아났던 12척의 전함들이 후에 이순신이 이끈 명량해전에서 승리의 발판을 마련하였다는 건 참으로 불행 중 다행스러운 일이라고 위로를 해야 할까?

바람앞에 촛불이 된
이 나라를 구해줄 구세주

　　　　　　　　　　　이순신이 없는 조선의 바다는 외로웠다. 그 외로운 바다를 왜군들은 마음껏 드나들며 승리에 취해 웃음을 뿌려댔다. 이순신이 전라좌수사로 있을 때나 삼도수군통제사로 있을 때는 감히 넘보지 못했던 서쪽 바다를, 그리고 전라도를 점령해 갔다. 구례를 비롯 남안성까지 함락하고 전주와 익산을 점령한 뒤 충청도까지 점령해갔다. 그러면서 죄 없는 우리 백성들의 코를 천 개나 베어 본국으로 보내며 승리에 취해 있었다. 전쟁의 흐름이 마치 임진왜란 초기와 같았다.
　　임진왜란에 이어 정유재란까지 일으킨 도요토미 히데요시의 전략은 한강 이남의 경기, 충청, 전라, 경상 4도를 점령한 뒤 강화협상을 통해 이 지역을 일본의 영토로 삼으려 했다. 우리는 도체찰사 이원익과 도원수 권율의 지휘로 명나라 구원군과 힘을 합쳐 일본군이 북상하는 것을 막으려 혼신의 힘을 다했다.

칠천량해전으로 조선 수군이 거의 전멸하자 일본은 서쪽으로든 어디로든 마음껏 바다를 휘젓고 다니며 필요한 군수품을 날라 육지에서 싸우는 군사들에게 공급하고 이에 힘입은 왜군의 기세는 하늘을 찌를 듯했고 그들의 진격은 정말 무서웠다. 그러자 권율은 백의종군의 무등병 이순신에게 말했다.

"이제 어떻게 했으면 좋겠는가? 이 난국을 어떻게 헤쳐나가야 하겠는가?"

그의 눈빛에는 이순신에 모든 걸 기대한다는 빛이 역력했다.

이때 조정에서는 김식으로부터 해전에서의 처참한 패전 소식을 듣고 절망했다. 긴급 국무회의가 열렸다. 선조가 대신들에게 대책을 물었다. 대신들은 모두 입을 다문 채 한 마디도 하지 않았다. 당장 바람 앞에 촛불이 된 이 나라를 구해줄 구세주가 필요했다. 그 구세주가 이순신이란 걸 그들 모두는 깨닫고 있었다. 이순신을 모함했던 대신들도 그것을 잘 알고 있었다. 그러나 대신들은 차마 입 밖으로 그 말을 할 수가 없었.

이순신은 권율의 말에 어떤 뜻이 담겨 있는지 다 알고 있었다. 이순신은 권율에게 이렇게 대답했다.

"해안지방으로 가서 직접 눈으로 보고 상황을 살펴본 뒤에 방책을 구하겠소."

그 말에 권율은 화색을 띠며 그렇게 기뻐할 수가 없었다. 이순신은 그 길로 군관 9명을 대동하고 길을 떠났다. 산청, 진주, 진양을 거쳐 7월 21일 노량에 이르렀다. 그리곤 전투에서 살아남은 병사들을 만나 패전에 대한 상세한 설명을 들었다. 이순신을 본 많은 백성들은 통곡을 하였고 살아남은 군사들은 이순신을 보자 반갑기도 하고 어처구니없는 패배에 원통해 마구 울부짖었다. 칠천량전투에서 도주한 경상우수사 배설은 코빼기도 보이지 않다가 이튿날에야 나타났다. 배설은 그 자리에서 원균이 패했던 상황을 자세히 설명했다. 그날 이순신은 사천에 이르렀다.

8월 3일 이른 아침에 선전관 양호가 선조의 교서를 가지고 왔다. 그 교서에는 이순신에게 다시 삼도수군통제사로 복귀하라는 명령이 있었다. 이 명령을 내린 날짜가 7월 23일이었는데 도착이 늦어진 것이다. 칠천량 전투에서의 패배를 보고받은 것이 7월 22일이었으니 얼마나 급하면 하루 만에 백의종군하고 있는 이순신을 다시 복귀시켰는지 잘 알 수 있다.

삼도수군통제사 재임명의 교시와 유서의 내용은 다음과 같았다.

그대의 이름은 일찍이 수사 책임을 맡던 그날 진작 드러났고, 또 공적은 임진년에 승리한 뒤부터 크게 떨치어 변방 군사들이 만리장성처럼 든든히 믿었다. 지난번에 그대의 직함을 갈고 그대로 하여금 백의종군토록 하였던 것은 역시 사람의 모책이 밝지 못함에서 생긴 일이었거니와 그리하여 오늘 이처럼 패전의 욕됨을 당한 것이라 무슨 할 말이 있겠는가, 무슨 할 말이 있겠는가.

그대는 도임하는 날 먼저 부하들을 불러 위로하고 흩어져 도망간 자들을 찾아내 단결시켜 수군의 진영을 만들고, 나아가 요해지를 지켜 군대의 위풍을 다시 한 번 떨치게 하여 이미 흩어져버렸던 민심도 다시 안정시킬 수 있으려니와, 적도 또한 우리 편의 방비가 있음을 듣고 감히 일어나지 못할 것이니 그대는 힘쓸지어다.

그대의 충의의 마음을 더욱 굳건히 하여 나라를 건져주기를 바라는 소원을 풀어주기 바라면서 이에 조서를 내리노니 그리 알지어다.

아직도 신에게는
배 열두 척이 있습니다

　　　　　　　　　　　　　이순신은 임금으로부터 교서를 받았으나 한산도의 통제영은 이미 적에게 불타 없어졌고 당장 거느릴 군사도 지휘할 전함도 없었다. 4년여 동안 자신이 공들여 만든 막강한 군사들은 몇 명 남지도 않았다.

　조정의 명령을 받은 이순신은 8월 3일 섬진강 하류 하동에서 구례에 이르렀다. 그러나 왜군이 쳐들어올 것에 대비하여 백성들은 이미 피난을 가 텅 비어 있었다.

　8월 5일 옥과에 도착했을 때 이순신 장군이 왔다는 소문을 들은 백성들이 앞을 다투어 나왔고 장군이 그들을 위로하자 뒤를 따르는 백성들이 많았다.

　8월 8일에는 순천에 이르러 옥과와 순천에서 모은 군사가 약 60

여 명이었다. 그리고 다음 날 낙안읍에 이르러 환영하는 백성들을 위로하고 그를 찾아온 승려 혜희를 의병장으로 임명해 보성에 당도했을 때는 군사가 더 늘어 120명이 되었다.

8월 18일, 경상우수사 배설이 12척의 함대를 거느리고 있는 장흥 회령포에 도착했는데 배설은 병을 핑계로 나타나지 않았다. 그러나 원균이 지휘할 때는 목숨을 부지하기 위해 도망치던 군사들이 이순신이 나타나자 너나 할 것 없이 자진해서 몰려들기 시작했다.

이순신은 도원수 권율의 진중을 떠나 한 달이 넘도록 전라도 내륙지방을 순회한 뒤 8월 19일 통제사 취임식을 가졌다. 그리고 곧 12척의 판옥선을 인수받아 지휘하기 시작해 "모든 전선을 거북선으로 위장해 수군의 위세를 나타내라"고 명령한 뒤 해남의 이진으로 12척의 전함을 옮겼다. 이때 군사는 120명이 전부였고 군량미와 무기는 모두 바닥나고 없었다.

조정에서는 이순신에게 우리의 전력이 왜군에 비해 턱도 없이 약하니 수군을 해체하고 육지로 올라와 육군을 지원하라고 명령했다. 이때 이순신은 그 유명한 장계를 올렸다.

"적이 임진년부터 5, 6년간 전라, 충청도를 감히 침범하지 못한 것은 오로지 우리 수군이 길목을 지키고 있었기 때문입니다. 아직도 신에게는 배 열두 척이 있습니다. 죽을힘을 다해 막아 싸우면 해볼 만합니다. 만일 수군을 없앤다면 적이 만 번 다행으로 여기는 일일뿐더러 충청도를 거쳐 한강까지 갈 터인데 신은 그것을 걱정하는 것이옵니다. 비록 싸울 배는 적지만 신이 죽지 않고 살아 있는 한 적이 감히 우리를 얕보지 못할 것입니다."

이순신이 이진을 떠나 다시 이난진으로 진영을 옮겼는데 8월 28일 적선이 습격해왔다. 경상수사는 지레 겁을 먹고 피하려 했지만 이순신은 호각을 불고 깃발을 휘두르며 적선을 따라잡으라 명령하자 이를 지켜본 적선이 물러갔다. 적선이 아군진영을 정탐하고 돌아가자 이순신은 하는 수 없이 장도(노루섬)로 진을 옮겼다.

다음 날 척후병으로부터 왜군이 밤에 몰래 공격해 올 거라는 정보를 입수한 이순신은 대군을 피해 다시 진도 고을 벽파진으로 이동했다. 일본 수군이 대함대로 몰려와 공격한다면 아무런 준비가 되지 않은 상태에서 겨우 12척의 배로 그들을 대적한다는 것은 스스로 무덤을 파는 일이라는 걸 잘 알고 있었기 때문에 그런 결정을 내릴 수밖에 없었다.

벽파진은 진도와 해남 사이, 남해와 서해를 잇는 아주 좁은 물길인 명량해협의 중간쯤에 위치한 곳이다. 이순신은 이곳에서 명량해협을 최후의 방어선으로 삼는 작전을 구상한다.

이순신이 벽파진에서 작전을 구상하는 사이 적군은 벽파진으로 총출동한다. 1만 수군의 병력과 400여 척의 배. 그런데 우리는 겨우 13척에 불과했다. 한 척의 배가 늘어난 것은 전라우수사 김억추가 한 척을 가져왔기 때문이다. 그러나 적들의 전함 숫자와 비교했을 때 상대가 될 수 없는 숫자였다. 거기에다 설상가상으로 경상우수사 배설이 겁을 먹고 도망치는 사건이 발생하는데 정말 황당한 일이 아닐 수 없다. 배설의 도주는 우리 군사들의 사기를 크게 떨어뜨렸다. 배설은 전쟁이 끝난 후인 1599년 3월 6일 선산에서 권율에게 붙잡혀 참형을 당한다.

명량해전

죽기를 각오하면 살고, 살고자 하면 죽는다

9월 7일, 탐망선으로부터 첫 번째 보고가 들어왔다. 탐망군 임중형의 보고였다.

"적선 55척 가운데 13척이 어란포 앞바다에 이르렀는데 아마 우리 수군을 치려는 듯합니다."

이런 척후 보고가 있자 이순신은 곧 전투준비를 하라고 명령했다.

그날 오후 4시쯤 과연 적선 12척이 벽파진으로 들어오고 있었다. 그러자 우리 수군은 그들을 강력하게 공격했다. 우리의 기세에 눌린 적선은 쫓겨 갔다가 다시 밤 10시쯤 포를 쏘며 공격해왔다. 그러나 이순신은 칠천량전투의 예로 보아 반드시 야습이 있을 거라 생각하고 장수들에게 이에 철저히 대비할 것을 명령하였는데 역시 왜적은 밤에 습격을 감행해 온 것이다.

　이순신은 스스로 선봉이 되어 지자포를 쏘며 야습해 온 적선을 공격하기 시작했다. 여러 차례 공방전으로 벌어진 이 싸움은 새벽 1시쯤까지 계속되다 이순신을 당하지 못한 왜군들은 물러나고 말았다.

　9월 14일, 척후군관 임중형에게 또 보고가 들어왔다. 며칠 잠잠하였는데 왜군이 대함대를 이끌고 쳐들어온다는 것이다.

　"적선 200여 척이 어란진으로 모이고 있는데 그중 55척은 이미 들어와 있습니다."

　이순신은 드디어 운명의 일전이 벌어질 것을 예감하였다.

　이순신은 다음 날 본진을 해남 전라우수영(해남군 문내면) 앞바다로 옮겼다. 적은 수의 전선으로 큰 함대를 대적할 수 있는 방법은 좁은 물길을 이용하는 것이 효과적이란 판단에서였다. 숫자가 적은 수군으로 명량을 등지고 진을 칠 수는 없었기 때문이다. 적군이 좁고 거친 해협 울돌목의 사나운 물길을 등지게 하고 싸우려 한 것이었다. 이 좁고 거친 해협을 빠져나올 때를 기다렸다가 공격하면 아무리 많은 대함대라 할지라도 한 번 싸워볼 만하다고 생각한 것이다.

　명량은 바닷목이 좁아 물살이 세고 빠르며, 그 물살이 마치 우는 것 같은 소리를 내면서 돌아 울돌목이라고 부른다. 조수의 흐름이 얼마나 빠른지 그 소리가 마치 폭포소리처럼 들리는 곳이었다. 명량해협의 폭은 325미터, 평균 수심은 20~25미터밖에 되지 않고 물살이 빠를 때는 시속 약 24킬로미터의 속도로 흐른다. 하루 네 번 밀물과 썰물이 번갈아 든다. 이순신은 이런 울돌목의 지형을 이용해야만 적은 군사로도 대군의 적을 맞아 싸울 수 있을 것으로 판단했다.

이순신은 전투가 임박해 오자 부하 장령들을 모아놓고 이렇게 말했다.

"병법에 이르기를, 죽기를 각오하면 살고, 살고자 하면 죽는다고 했다. 또 한 사람이 길목을 잘 지키면 천 명도 두렵게 할 수 있다는 말이 있는데 이는 모두 오늘 우리를 두고 이른 말이다. 너희 장수들이 조금이라도 명령을 어기면 군법대로 시행할 것이니 작은 일이라도 용서치 않을 것이다!"

드디어 9월 16일! 세계 해전사상 전무후무한 전투, 명량해전의 대혈전이 벌어졌다. 탐망군 임준형으로부터 "수를 헤아릴 수 없을 정도로 많은 적의 배가 명량을 거쳐 우리가 진을 치고 있는 이곳으로 들어온다"는 보고를 받았다. 그러나 이미 작전계획을 세워놓은 이순신은 전선에 명령해 힘차게 바다로 나아갔다.

일본 수군은 133척의 대함대였다. 거기에다 해협 남쪽 넓은 바다에 200여 척의 배가 상황을 지켜보며 대기하고 있었다. 그들은 선단 133척이 조선의 수군을 무찌르면 명량해협을 통과하여 서쪽으로 북상하기 위해서였다. 반면 우리 수군은 겨우 13척, 정말 상대가 될 수 없는 싸움이었다. 폭이 좁아 한꺼번에 많은 배들이 지나갈 수 없는 명량해협으로 왜놈의 배들이 긴 꼬리를 물고 들어오고 있었다.

이순신은 노를 젓는 군사들에게 빨리 노를 저으라고 소리친 후 적선 속으로 파고들어갔다.

드디어 포가 오가며 싸움이 벌어졌다. 역시 이순신 함대는 숫자적으로 너무 열세여서 금방 적의 함대에게 포위당했다. 일촉즉발의 순간, 장수들과 군사들은 적군의 위세에 눌려 주춤거리며 겁을 먹고 있었다. 몸이 얼어 공격할 엄두를 내지 못하고 얼굴빛은 하얗게 변해 있었다.

이순신은 그런 부하들을 지켜보며 선두에 나섰다. 급히 기함을 몰고 적의 함대를 향해 지자포, 현자포 등 각종 화포를 쏘아대며 공격했다. 이순신은 손수 북을 울리며 군사들에게 쉬지 말고 공격하라고 목이 터져라 외쳤다.

"적이 1천 척이라도 우리 배를 당하지 못할 것이다. 흔들리지 말고 진격하여 적에게 쏴라!"

그리곤 기를 흔들어 뒤처져 있는 전선들을 불러냈다.

이순신이 그렇게 적함 수십 척을 혼자의 힘으로 막아내며 고군분투 싸움을 벌이자 거제현감 안위가 가장 먼저 달려왔고 이어 중군장 김응함의 배가 달려왔다. 그들은 적진 속으로 용감하게 돌진했다. 그러자 적군 대장이 자신의 전선 3척으로 안위의 배를 포위해 공격했다. 적선은 안위의 배에 바짝 붙어 개미떼처럼 배에 오르려 하였다. 그러자 안위와 그의 부하들이 죽을힘을 다해 배에 기어오르는 적들을 창검과 몽둥이로 내리쳤고 이를 지켜본 이순신은 급히 빗발치듯 화살을 쏘아 배에 기어오르는 적들을 죽였다. 배에 오르

려다 화살이나 총탄을 맞고 바다에 떨어져 죽는 왜군은 그대로 물고기 밥이 되었다.

이렇게 적선 3척을 섬멸하고 안위의 배를 구하자 녹도만호 송여종, 평산포대장 정응두의 배가 뒤따라와 적의 대장선을 향해 대포와 화살을 쏟아부었다. 이때 그림을 수놓은 붉은 비단옷을 입은 적장 마다시가 화살을 맞고 배에서 떨어져 바닷물에 빠졌다. 그것을 본 한 군사가 소리쳤다.

"저 자가 바로 왜적의 장수 마다시요!"

그렇게 외친 군사는 안골포에서 투항해 온 왜군이었다. 그가 소리치자 이순신은 물 긷는 군사 김돌손에게 갈고리로 낚아 올려 몸뚱이를 토막내 죽이도록 했다. 적장은 목이 잘리고 토막이 나 바다에 던져졌다. 이순신은 김돌손에게 적장의 머리를 높이 쳐들게 했다. 선봉장수가 그렇게 처참하게 죽자 적군들의 기세는 금방 꺾였다.

하늘이 돕는 건지 때마침 물살도 바뀌어 조선 수군에 유리했다. 물살의 흐름이 바뀌면서 역류를 탄 왜군은 앞으로 나오질 못했다. 아군은 물살을 뒤에 업고 그런 배들을 향해 일시에 쳐들어가 천자포, 지자포를 쏘니 적들은 정신을 차리지 못하고 허둥댔다. 아군은 마침내 적 대장선을 비롯한 적선 31척을 모조리 불태우거나 깨뜨렸다. 더 이상 조선 수군의 공격을 견디지 못한 왜군은 퇴각을 결정하고 먼 바다로 도망쳤다.

명량해전의 승리는 그야말로 기적이었다. 13척의 배로 133척의

명량의 울돌목 울돌목은 바다가 운다고 하여 한자어로 명량(鳴 : 울명 梁 : 대들보량)이라고 불린다. 해남군 우수영과 진도군 녹진 사이를 잇는 가장 협소한 해협으로 가장 좁은 곳은 150미터, 가장 깊은 곳의 수심이 20미터, 최저수심은 1.9미터, 물의 흐름이 11.5노트(약 24킬로미터)에 달해 굴곡이 심한 암초 사이를 소용돌이치는 급류가 흐른다. 이러한 빠른 물길이 암초와 부딪쳐 튕겨져 나오는 소리가 20리 밖까지도 들린다고 한다.

배를 물리쳤다는 것은 이순신이 그날 일기에 적은 대로 '이는 실로 천행이었다'는 말처럼 천행이었다고도 할 수 있었다. 그렇지만 그 어떤 천행도 이런 기적을 불러올 수는 없는 일이었다. 만일 명량에서 패했다면 적선은 바로 서해로 들어서 전라도, 충청도 그리고 경기도를 거쳐 한양이 짓밟혔을 것이다. 정말 생각만 해도 끔찍한 일이다.

명량해전에서의 승리는 이순신의 비상한 통솔력과 그의 탁월한 전술전략이 가져온 결과였다. 원균이 지휘한 함대가 아무리 전선을 많이 갖추었어도 전략이 없으면 전멸할 수 있고 이렇듯 형편없이 적은 함대로도 전술전략이 뛰어나면 열 배, 아니 그 이상의 적선도 능히 물리칠 수 있다는 교훈을 안겨준 싸움이었다.

죽기를 각오하고 싸워 이긴 이날의 승리로 칠천량전투에서 당한 쓰라린 패배를 만회했다. 이 승리로 이순신의 능력이 다시 확인되었으며 조선의 수군은 바다를 장악하면서 살아났다. 더 중요한 것은 이 승리로 일본군이 서해로 북상, 한강을 통해 한양을 차지하려는 구상은 좌절되었고 이로 말미암아 정유재란은 전기를 마련하게 된다.

명량에서 패한 일본은 보급로가 끊겨 진격이 불가능하게 되었다. 경기, 충청, 전라, 경상도를 삼키려던 그들의 의지는 단번에 꺾이고 부산으로 후퇴해 공격에서 방어 쪽으로 몰리게 되었다.

당사도에서 머문 다음 날 이순신은 군산 앞바다 고군산 선유도까지 올라갔다. 이순신은 여기서 심한 몸살을 앓으며 열흘 간 묵었다.

10월 1일, 이순신의 아산 집이 왜적들에게 잿더미가 되었다는 소식이 들려왔다. 명량에서 이순신에게 대패를 하자 분풀이로 이순신의 집에 불을 지른 것이다. 이순신은 맏아들 회를 서해를 통해 올려 보내고 10월 9일 우수영으로 돌아왔다.

우수영으로 돌아와 보니 우수영 민가는 모두가 불타 없어지고 사람 그림자조차 보이지 않았다. 이곳 역시 왜적들이 이순신에게 패한 분풀이로 민가에 불을 지르고 도주한 것이다.

10월 14일, 이순신은 본가의 침범 소식을 들었다. 인편으로 둘째 아들 열이 보낸 편지를 받았는데 겉봉을 뜯어보니 '통곡'이란 두 자가 쓰여 있었다. 두 형과 함께 이순신 곁에 있던 막내아들 면은 그때 작은형 열과 함께 아산 본가에 돌아가 있었는데 그해 9월 갑자기 왜군이 쳐들어와 가족은 모두 피난 갈 준비를 하고 있었다. 이때 면은 활과 칼을 들고 나가 왜적과 싸웠다. 어려서부터 힘이 세고 무술에 능했던 그는 그러나 3명의 왜적을 죽이고 끝까지 싸우다 왜군의 칼에 맞아 죽고 말았다.

이런 비통함을 겪으면서도 이순신은 10월 29일 우수영을 떠나 목포 건너편 보화도(고하도)로 본영을 옮겼다. 이는 보화도가 서북풍을 막을 수 있고 배를 감추기에 좋은 지형을 갖추고 있었기 때문이다.

이순신이 보화도로 진영을 옮길 무렵 군사는 1천 명으로 늘어나 있었다. 하지만 그들을 먹여 살릴 군량이 문제였다. 조정에서의 지원이 없으니 스스로 군량을 마련해야 하는 이순신의 고충은 말로

고금도

다하기 어려운 고초였다. 게다가 병세는 점점 더 악화되어 이순신을 괴롭혔다.

계속 늘어나는 군사를 감당하기 어려웠던 이순신은 이를 스스로 해결할 방법을 찾다가 '해로통행첩'이란 것을 구상해냈다. 오늘날로 말하자면 선박운행증과 같은 것이다. 이순신은 '충청, 전라, 경상 3도 연해를 통행하는 배는 누구를 막론하고 이 증명서가 없을 경우 간첩으로 간주하여 처벌한다'고 공표했다. 이순신은 배의 크기에 따라 등급을 매기고 큰 배는 곡식 3섬, 중간 배는 2섬, 작은 배는 1섬을 바치게 했다. 당시 피난민들은 배에 식량을 싣고 다녔는데 이순신의 뜻을 믿고 불만없이 성실하게 따랐다.

이렇게 해서 단 열흘 만에 곡식 1만여 석을 얻게 되어 군량을 해결하고 흩어진 군사들을 불러모아 병력을 증강하였으며 구리와 쇠를 사들여 화포를 만들고 29척의 군선도 새로 만들었다.

점차 군사력을 회복하고 수군을 재건하는 데 힘을 쏟은 이순신이 이듬해 선조 31년 2월 17일, 완도 고금도로 진을 옮길 때에는 군사가 무려 8천 명으로 늘어나 있었다. 그리고 전선도 40척이나 더 만들어 한산도에서 진영을 갖추었을 때와 점차 비슷해져 갔다. 이렇게 되자 왜적들은 서해로는 얼씬도 하지 못했다.

고금도로 진영을 옮긴 이순신은 그로부터 5개월이 지났을 때 함대를 85척으로 늘렸고 섬 안에도 민가를 수만 호 지어 옛날 한산도 시절보다 무려 10배나 될 정도로 단단한 군세를 이루었다.

고금도로 진영을 옮기고서는 왜군과 이렇다 할 싸움은 벌어지지 않았다. 해상에서 왜군이 노략질하는 것을 물리치는 것과 우리 바다 가까이 들어와 몰래 고기를 잡던 왜선 16척을 격파한 것 정도였다.

노량대첩

내가 죽었단 말을
입 밖에 내지 마라

　　　　　　　　　　8월 18일, 임진왜란과 정유재란을 일으킨 원흉 도요토미 히데요시가 63세의 나이로 오사카성에서 숨을 거두었다. 숨을 거두기 전 그는 전쟁을 중단하고 조선에서 철수하라는 유언을 남겼다. 그러자 가토, 고니시, 시마즈 등 왜적의 장수들은 소리 소문없이 철수를 서두르기 시작했다.

　그들이 철군을 서두르는 이유는 고니시 유키나가 등 조선에 출병했던 일본군 장수들 대부분이 도요토미 히데요시의 부하들이었으므로 도요토미 히데요시가 죽은 후 정권을 잡게 된 도쿠가와 이에야스를 신경써야 했기 때문이었다.

　이순신은 도요토미가 죽었다는 소식을 9월 6일 왜적에게 사로잡혔다가 도망쳐 나온 변경남으로부터 들었다.

"도요토미가 죽자 여러 두목들이 그 자리를 두고 치열한 싸움을 벌이면서 아직 결정을 내리지 못해 여기 있는 적들도 급히 철군을 서두르고 있습니다."

왜적들은 그래서 싸울 의지를 잃어버리고 어서 빨리 본국으로 돌아가려는 마음뿐이었다. 그러나 철수는 그렇게 쉽지 않았다. 이순신이 이끄는 조선 수군이 바닷길을 가로막고 있었기 때문이다. 거기다 명나라 진린이 이끄는 명나라 함대 5백여 척이 들어와 이순신 함대와 합류하고 있었다. 조선을 도우려고 들어온 명나라 원군이었다. 원균이 칠천량 전투에서 일본 수군에 무참히 패해 남해와 서해가 일본의 손아귀에 들어가자 위기감을 느낀 명나라가 자신들의 수군을 급하게 보낸 병력이었다.

이순신은 철수를 서두르는 왜군들을 그대로 순순히 돌려보낼 수 없었다. 그들을 순순히 돌려보낸다면 여태껏 임진왜란과 정유재란을 거치면서 7년 동안이나 우리 백성들이 흘린 고귀한 피는 어쩌란 말인가? 그리고 왜적을 물리치느라 죽어간 군사들은 또 얼마이며 그들의 영혼을 위로하기 위해선 반드시 그들을 섬멸해야 했다.

"한 척의 배도 그냥 돌려보낼 수 없다. 단 한 명의 왜군도 살려보낼 수 없다."

결의를 다진 이순신은 명나라 진린도독과 의논하여 적군에게 최후의 일격을 가하기로 결정하고 왜교성(예교성) 전투를 벌이게 된다. 왜교성에는 이순신 함대를 피해 본국으로 돌아가려는 고니시의 주력부대가 주둔하고 있었다. 왜군 14,000여 명에 달하는 막강한 대부대였다. 이순신이 그들의 도주로를 막으려고 왜교성을 봉쇄하면서 이 전투는 시작되었다.

왜교성은 고니시 유키나가의 왜군이 성을 쌓고 진지를 구축한 곳이다. 당시 왜교성 동쪽 바닷가 신성포에는 왜선 500여 척이 정박해 있었다. 반면 우리는 조선수군 전함 85척, 명나라수군 전함 25척, 기타 협선 등 총 187척이었다.

왜교성은 지형적으로 공략하기 매우 어려운 성이다. 그리고 왜교성 앞바다는 수심이 얕아 크고 무거운 조선수군의 판옥선이 들어서기 어려운 지형이었다. 더구나 신성포에 이르는 물길에 말뚝을 박아두어 밀물 때가 아니면 들어갈 수 없고 들어간다 해도 밀물을 이용할 시간은 여섯 시간뿐이어서 본격적인 전투를 벌이기엔 여러 가지 문제가 있었다.

그렇다고 넋을 놓고 바라볼 수만은 없는 상황이었다. 어떤 대책을 세워서라도 일본군을 섬멸해야만 했다. 단 한 척의 배도 돌려보낼 수 없었다. 적의 성을 공략하기 위하여 조선의 수군함대와 명나라 수군함대는 9월 15일 고금도를 출발하였다.

10월 2일, 조선과 명나라 연합군은 대대적인 수륙협공작전을 펼치기로 했다. 육지에서는 적군의 기습으로 명나라 군사 800여 명이 전사했다. 수군들은 왜교성 바로 앞까지 진격하여 많은 적을 죽였지만 조수가 밀려나는 때가 되어 부득이 후퇴하는 과정에서 채 빠져나오지 못한 명나라 군선을 포함 39척이 손실되고 수백 명의 전사자가 생겼다.

| 고금도 앞바다

그 다음 날과 그 다음다음 날 싸움에서도 양상은 비슷했다. 바다에서 조명연합군은 혼신의 힘을 다해 싸웠으나 육지에서 협공을 해야 할 명나라 군사의 소극적인 태도로 성을 함락하지 못했다. 이순신은 바다에서 11척의 왜선을 빼앗고 30여 척을 불살랐다. 그리곤 이순신은 명나라 진린도독과 함께 고금도 본진으로 돌아왔는데 이때가 10월 9일이었다.

이때 철군을 서두르며 본국으로 돌아가려는 왜군을 대하는 우리의 입장과 명나라 입장은 달랐다. 명나라군은 남의 나라 전쟁에 더 이상 피를 흘리고 싶지 않아 어떻게든 싸움을 피하고 싶어했다. 그러나 우리는 여태껏 침략을 당하고 있었던 처지여서 그들을 그냥 돌려보낼 수 없었다.

이순신이 일본의 철군 소식을 들은 것은 11월 8일이었다. 육지로부터 '순천의 적들이 철군하니 돌아가는 길을 끊어 막으라.'는 통지를 받고서였다.

통지를 받은 즉시 이순신은 명나라 진린도독과 함께 다음 날 고금도를 떠나 백서량(여천군 남면)과 여수 좌수영 앞바다를 지나 순천 앞바다에 진을 치고 노루섬으로 나온 왜선 선발대 10여 척을 발견하여 물리쳤다. 그리곤 고니시의 퇴로를 완전히 차단했다.

본국으로 돌아갈 길을 잃은 고니시는 여러 방법을 생각하다 명나라 제독 유정에게 뇌물을 주고 일본군이 왜교성을 넘겨주는 대신 명나라 군은 일본군의 철수를 모른 척해 달라고 부탁하고 약속을 받아냈다. 하지만 이순신이 버티고 있는 한 그건 있을 수 없는 일이었다.

고니시는 난감했다. 그래서 이번엔 도독 진린에게 직접 뇌물을 주고 난관을 헤쳐나가리라 마음먹었다. 그리곤 여러 차례에 걸쳐 명나라 진영을 왔다갔다하며 진린에게 각종 뇌물을 바쳤다. 이순신에게도 뇌물을 바치며 길을 터줄 것을 애걸했다. 그러나 이순신은 뇌물을 가지고 온 적병을 죽여버리고 일본군을 더욱 옥죄어 단단히 막아두었다.

그러자 고니시로부터 뇌물을 받은 진린이 이순신을 설득하기 시작했다.

"서로 피를 흘릴 필요 없이 순순히 보내주는 것이 어떻겠소?"

"그걸 말이라고 하오! 아니되오. 나는 우리 땅을 침략한 왜놈들을 단 한 명도 살려보내지 않을 것이오!"

이순신의 결의는 너무도 단단하여 진린은 이러지도 저러지도 못하고 입장만 난처해졌다. 그러자 고심 끝에 생각해낸 것이 자신은 명나라 수군을 이끌고 경상도 남해로 가 거기 있는 적들과 싸우겠다는 것이었다. 진린의 속을 간파한 이순신이 말했다.

"아니되오. 남해에 있는 사람들은 모두 왜적에게 포로가 된 조선의 백성이지 왜적이 아니란 말이오!"

그러자 진린은 억지소리를 했다.

"하지만 이미 적에 붙었으니 적과 마찬가지 아니오? 난 그들의 목을 베어 보고하겠소."

이순신은 기가 막혀 말이 안 나올 지경이었다.

"귀국 황제가 왜적을 무찔러 조선의 백성들을 구하라고 보냈는데 장군은 독 안에 든 적들을 살려 보내고 오히려 우리 백성들을 죽이려 한단 말이오? 이것이 귀국 황제의 본뜻이란 말이오?"

이순신이 이렇듯 강하게 항의하자 진린은 허리에 차고 있던 칼을 빼들었다.

"이 칼은 우리 황제께서 내게 내리신 것이오!"

상황에 따라선 그 칼로 이순신을 죽일 수도 있다는 뜻이었다. 그러나 이순신은 조금도 흐트러지지 않은 꼿꼿한 자세로 말했다.

"한 번 죽는 것은 아깝지 않소. 그러나 나는 조선의 장수가 되어 절대 왜적을 그대로 살려보낼 수는 없소."

이순신의 뜻을 꺾지 못한 진린은 결국 일본군의 간청을 몰래 들

노량해협

어주기로 했다.

  11월 14일. 고니시가 강화협상을 상의한다는 구실로 연락선 한 척의 통로를 열어주길 요청하자 진린이 이를 허락했다. 이순신은 그건 왜군이 구원병을 요청하기 위해 빠져나가는 것이라고 반대했다. 그러나 진린은 자신의 지휘권을 내세워 이를 묵살하고 통로를 열어주었다. 이순신은 하늘이 무너지는 것 같은 절망감에 빠졌다. 그러나 그냥 있을 수만은 없어 대책을 세웠다.

  "적의 연락선이 나갔으니 곧 왜놈들의 후원군이 대대적으로 몰려 올 것이다. 이 자리에 그대로 있다가 그들이 오면 우리는 오히려 양쪽에서 협공당할 위험이 있다. 그러니 적군을 기다리기보다 나가서 맞이해 싸우는 것이 옳다."

그리곤 배를 출전시켰다. 이순신의 출전 요구를 진린은 처음에는 거부했다가 마지못해 따랐다. 이는 나중에 조선수군만 출전하고 자신의 함대는 출전하지 않았다는 사실이 세상에 알려지는 것이 두려웠기 때문이었다. 하지만 진린은 이순신의 함대 후미에서 위세만 보였을 뿐 적극적으로 싸울 의지를 보이지 않았다.

연락선이 빠져나와 고니시의 처한 상황을 보고받은 왜적은 왜교성에 갇힌 고니시 부대를 구하기 위해 사천과 남해, 고성의 함대가 모두 총출동하여 노량바다로 모여들었다. 그 규모가 무려 500여 척이나 되는 거대한 함대였다.

선조 31년(1598년) 11월 18일 오후 10시. 이순신은 함대를 거느리고 장도를 떠나 적이 오는 길목인 노량해협으로 진격했다. 조선함대 60여 척과 그 뒤를 명나라 함대 200척이 따랐다. 그러나 명나라 함대는 숫자만 많았지 모두 우리의 판옥선보다 작고 견고하지 못해 전투를 제대로 수행할 수 없는 형편없는 배들로서 결코 위압스런 존재는 아니었다.

명나라 장수 진린과 등자룡은 자기네 배들이 약한 것을 잘 알고 조선군 판옥선에 타고 싸움에 임했다. 그런 것을 보면 명나라 배들이 얼마나 형편없었는가를 알 수 있다.

11월 19일 오전 2시경, 이순신은 문득 손을 씻고 혼자 갑판 위로 올라가 조용히 무릎을 꿇고 간절한 마음으로 기도했다.

"이 원수들만 무찌른다면 죽어도 여한이 없으니 도와주소서."

정말 간절한 기도였다. 오직 나라와 백성을 위해 생명을 바치려는 이순신의 피맺힌 기도였다.

기도를 마친 이순신은 적군을 향해 전진했다. 포구와 섬마다 복병을 깔아 적을 대비하도록 하며 조명연합군 함대는 좌우로 편을 갈라 앞으로 진격했다.

어둠이 짙은 바다 한가운데서 적선이 먼저 아군을 발견하고 조총과 포를 쏘아댔다. 우리 수군은 즉시 화살과 총포를 왜선을 향해 비오듯 쏘아댔다. 불화살이 어두운 밤하늘을 가르고 둥둥둥 울리는 북소리와 화포의 소리가 온통 세상을 삼킬 것처럼 바다에 진동했다. 그러자 적들은 놀라고 겁을 먹어 허둥지둥대다 도망치고 또다시 전열을 가다듬어 공격해 왔지만 이내 우리의 공격에 무참히 쓰러지고 말았다.

조선 수군은 북서풍을 이용하여 불붙은 나무를 적의 배로 던져 불타버리게 하고 불붙은 적선은 하나둘 바닷속으로 격침되기 시작했다. 화공작전이었다. 관음포 앞바다가 타오르는 적선으로 불바다를 이루고 왜군이 흘린 피로 바다가 물들어도 적선은 끊임없이 몰려왔다.

선봉에 선 것은 이순신과 명나라 부총병 등자룡이었다. 싸움은 치열하게 전개되었다. 엄청난 숫자의 적선에 진린의 배가 적에게 포위되어 위기에 빠지자 이순신이 달려가 구해주었다. 얼마 후 이번엔 이순신의 배가 포위당하자 진린이 달려와 구해주었다. 이렇게 서로를 구원하면서 호준토를 쏘아 적선을 하나하나 계속 바다로 침몰시켜 나갔다.

관음포에서 도망칠 물길이 막힌 적군도 최후의 발악으로 덤벼들었다. 서로 엉켜 싸우면서 어쩔 수 없는 근접전을 치르며 전투는 다음 날까지 더욱 격렬하게 벌어졌다. 한참 치열하게 전투가 벌어지던 중 명나라 장수 등자룡이 탄 배에 불이 붙고 말았다. 불길에 허둥대는 사이 왜군이 배로 올라와 등자룡을 죽였다.

어느새 해가 떠올랐다. 조명연합군은 맹렬한 공격을 잠시도 늦추지 않았다. 싸움의 기세는 이미 기울어진 상태였다. 어느새 불타 바닷속으로 사라진 적선이 200여 척이나 되었고 나포한 군선도 100여 척이나 되었다. 이제 적들은 싸움을 포기하고 어떻게든 아군의 손아귀에서 벗어나 도망치려 했다. 그러나 단 한 척의 배도 그냥 보낼 수 없고 단 한 명의 왜적도 살려보낼 수 없었던 이순신의 결의는 더욱 불타올랐다. 이순신은 닥치는 대로 적선을 무참하게 깨뜨려 불살라 버리고 수없는 적군을 쏘아 바닷속으로 떨어지게 하였다. 바닷속에 수장되어 물고기밥이 된 왜군은 대략 1만 5천 명에서 2만 명가량 되었다. 실로 엄청난 승리가 아닐 수 없었다.

일본에게 침략을 받은 7년의 세월, 너무나 많은 백성들이 그들의 손에 죄없이 죽어갔고 유린당했으며 이 강토는 또 얼마나 짓밟혔으며 또한 수탈당한 우리의 재산은 얼마였던가. 그들이 저지른 죄에 대한 복수심을 화살 한 발 한 발 속에 담아 적을 죽이고 화포로 적선을 불태우고 깨뜨려 바닷속에 처넣는 통쾌함. 적들의 최후는 이제

머지않았다. 그러나 적들의 최후도 얼마 남지 않았지만 이순신의 최후도 점차 다가오고 있었음은 너무나도 가슴 아픈 일이었다.

어둠이 걷히고 서서히 동이 터올 무렵, 단 한 놈의 왜적도 살려 보내지 말라고 고함을 치며 북을 올리고 독전기를 휘둘러 대고 있는 그 순간, 어디선가 한 발의 탄환이 날아와 이순신의 왼쪽 겨드랑이를 뚫고 지나갔다. 그 탄환이 심장 가까이 박히면서 이순신이 쓰러졌다. 이순신은 갑판에 쓰러지면서 급히 명령해 방패로 자신의 앞을 가리게 했다. 적이 행여 자신이 쓰러진 것을 알게 되는 것을 염려해서였다. 이때 손문욱이 얼른 북을 치면서 싸움을 독려했다. 모든 군사들은 이런 사실을 모른 채 용감하게 싸웠다.

병사들이 이순신을 부축하여 선실 안으로 들어갔다. 이순신은 맏아들 회와 조카 완에게 이렇게 말했다.

"지금 싸움이 한참으로 급하니 내가 죽었단 말을 입 밖에 내지 마라."

이순신은 이 한 마디를 남기고 곧 숨을 거두었다. 전쟁의 최후이자 영웅의 최후가 이렇게 허망하였다. 아니 영웅의 최후는 그렇게 전설이 되었다. 선조 31년(1598년) 11월 19일 아침, 그의 나이 54세였다.

역사에는 만약이란 가정은 성립하지 않는다. 그렇더라도 만약 왜적이 스스로 물러간다고 했을 때 이순신이 그들에게 길을 터주었다면 굳이 전쟁을 치르지 않고서도 승리할 수 있었고 자신의 목숨도 허망하게 잃지 않았을 텐데 하는 아쉬움이 남는다. 그러나 이순

신은 우리 땅에 침범한 왜군은 단 한 명도 살려보낼 수 없다는 신념을 행동으로 옮겨 조선의 운명을, 조선의 자존심을 회복시킬 수 있었던 것이다.

그날 정오가 되어서야 역사적인 노량해전이 끝났다. 적장 시마즈는 시종하는 자신의 병사들이 화살의 방패막이가 되어 겨우 목숨을 건져 군선 50여 척을 이끌고 사천 쪽으로 달아났고, 왜교성의 고니시 유키나가는 노량해전이 벌어지는 틈을 타 함대를 이끌고 부산으로 도주함으로써 노량해전이 끝났다.

관음포 해역에 들어온 300여 척의 함대는 무려 200여 척이 불타거나 깨져 바닷속으로 가라앉고, 나머지 배들은 거의 부서져 성한 데가 없었으며, 온전한 배는 50여 척에 불과했다. 반면 우리의 함대는 파손된 것이 10여 척을 넘지 않았으니 그야말로 대승이었다.

이 해전을 끝으로 부산과 거제도에 집결해 있던 왜군은 가토가 24일, 고니시가 26일 각각 일본으로 퇴각함으로써 참혹했던 7년간의 전쟁, 임진왜란과 정유재란은 마침표를 찍었다. 싸움이 끝났을 때 진린도독은 승리의 기쁨을 나누고 싶어 이순신이 타고 있던 대장선으로 달려와 소리쳤다.

"어어, 어이 통제공, 어서 나오시오!"

그제야 조카 이완이 울면서 대답했다.

"숙부님은… 장군님은 돌아가셨습니다."

"뭐라고!"

청천벽력과 같은 이 말을 들은 진린은 갑판을 뒹굴고 가슴을 치며 통곡을 멈추지 않았다. 이순신의 죽음이 알려지자 승리의 함성을 올리던 군사들이 통곡하기 시작했고 어떤 군사는 실신까지 했으며 명나라 군사들도 함께 통곡하였다.

이순신. 우리가 영원히 기억해야 할 성웅 이순신. 그는 허약한 수군을 이끌고 군량과 무기까지 스스로 책임지면서 나라를 지켜냈다. 자신을 신뢰하지 못하는 임금과 대신들, 또한 장수들의 모함과 질시 속에서도 성웅의 모습을 잃지 않고 조국을 위해 자신의 의무를 다했다. 그리곤 자신의 목숨을 백성과 나라의 제단에 바쳤다.

불멸의 이름을 남긴 이순신.

이순신의 영구는 남해에서 고금도 본영을 거쳐 아산으로 옮겨져 안장되었다. 이순신의 영구가 아산으로 옮겨지는 곳곳마다 백성들이 나와 상여를 붙잡고 통곡하였다.

"공께서 진실로 우리를 살리셨는데, 지금 공은 우리를 버리고 어디로 가십니까?"

그렇게 통곡하며 백성들이 길을 막아 상여가 가지 못하게 되었으며 통곡의 소리가 하늘과 땅을 울렸다.

순국 이듬해인 1599년 2월 11일 아산에 당도한 영구는 금성산 밑에 장사지냈다가 16년이 지난 뒤 현재의 자리인 충남 아산시 음봉면 삼거리 어라산 기슭으로 천장했다.

선조 37년(1604년) 이순신에게 선무1등 공신에 좌의정 겸 덕풍부원군이 추증되고, 인조 21년(1643년)에는 충무라는 시호를 내렸고, 정조 17년(1793년)에는 영의정으로 가증되었다.

관음포 임진왜란 때의 마지막 격전지로 충무공 이순신 장군이 순국했던 곳이다. 1598년 11월 19일 이른 아침에 충무공은 도망치는 왜적을 무찌르다 여기에서 적이 쏜 총탄에 맞았으나 "나의 죽음을 알리지 마라" 하고 장렬한 최후를 마쳤다. 이때 조선수군은 왜선 200여 척을 격침시키는 전과를 거두었다.

戰方急愼勿言我死 전방급신 물언아사
싸움이 바야흐로 급하니 나의 죽음을 말하지 마라

첨망대 이순신 장군의 순국하신 옛자리를 보면서 장군의 공덕을 기리기 위해 세워진 것이다.

이 비석은 숙종 39년(1713)에 세운 것으로 명나라 수장이 충무공의 전사를 애석하게 여겨 여기서 몹시 슬퍼하고 귀국하였다는 내용이 기록되어 있다.

이곳은 임진왜란 때 왜적을 물리친 이순신 장군의 유해를 임시로 안장하였던 터이다. 장군이 노량해전에서 순국하자 본영이었던 이곳 고금도에 80여 일간 안장한 후 이듬해에 충남 아산(현충사 근처)으로 옮겼다. ↓

| 이순신 장군의 묘소

참고자료

이순신, 이은상 엮음, 『난중일기』, 지식공작소
김탁환, 『불멸의 이순신』, 황금가지
윤지강, 『세계 4대해전』, 느낌이 있는 책
박천홍, 『이순신 평전』, 북하우스
박선식, 『조선대장부 이순신』, 규장각
이상훈 외, 『충무공 이순신』, 대한출판문화협회
이은식, 『원균 그리고 이순신』, 타오름
설민석, 『전쟁의 신, 이순신』, 휴먼큐브
제장명, 『이순신 백의종군』, 행복한 나무

사진제공
아산 현충사 충무공 이순신 기념관
(십경도, 이순신 장검, 난중일기, 충무공전서, 조총, 황자총통, 징비록)